do design thinking
ao design doing:

jon kolko

do design thinking ao design doing:

como usar a empatia para criar produtos que as pessoas amam

M.Books

M.Books do Brasil Editora Ltda.

Rua Jorge Americano, 61 - Alto da Lapa
05083-130 - São Paulo - SP - Telefone: (11) 3645-0409
www.mbooks.com.br

Dados de Catalogação na Publicação

Kolko, Jon.
Do Design Thinking ao Design Doing/ Jon Kolko.
2018 – São Paulo – M.Books do Brasil Editora Ltda.
1. Marketing 2. Design
ISBN: 978-85-7680-309-6

Do original em inglês: well-designed
Publicado originalmente pela Harvard Business Review Press.

Editor: Milton Mira de Assumpção Filho

Tradução: Sonia Augusto
Produção editorial: Lucimara Leal
Editoração: Crontec
Capa: Isadora Mira

2018
M.Books do Brasil Editora Ltda.

Para Jess, meu amor e minha melhor amiga.

sumário

introdução

do design thinking ao design doing

É difícil imaginar um mundo sem a simplicidade do iPad. Mas apenas há alguns poucos anos, o relógio do nosso videocassete piscava para mostrar a hora não configurada, lembrando a todos nós consumidores da complexidade invasiva da tecnologia moderna na nossa casa e na nossa vida. O cenário mudou radical e rapidamente, e nós mudamos junto com ele. Como vivemos nesse cenário, pode parecer que dominamos coletivamente o jogo da tecnologia e que, de modo geral, entendemos como produzir produtos muito simples que domam o caos do avanço tecnológico.

Mas aqueles de nós que *constroem* produtos e serviços — aqueles que estão por trás da fachada da simplicidade, nas trincheiras escuras e lamacentas das grandes empresas, consultorias e *startups* — são lembrados daquela complexidade e confusão todos os dias. Quase todos os nossos processos de desenvolvimento de produto são arcaicos e refletem maneiras de pensar antiquadas. O "documento de requisitos do produto", por exemplo — um documento herdado dos anos 1980 — ainda parece fazer parte de reuniões de desenvolvimento de produto, e essas mesmas reuniões parecem girar infinitamente ao redor de discussões sobre características, alinhamento e tempo até o lançamento no mercado. Como o mercado demanda produtos que sejam simples entender, com recursos técnicos robustos e, mais importante, agradáveis de usar, os nossos processos legados obviamente não funcionam. E com as expectativas crescentes dos consumidores, é fácil ficar estressado com a complexidade das matrizes de recursos e especificações. Neste mundo cada vez mais complicado e estressado, já é bem difícil fornecer um produto que seja útil, quanto mais um que as pessoas realmente amem.

Na década passada, principalmente em reação a esta ansiedade e complexidade, desenvolveram-se diversas metodologias que supostamente são rápidas, ágeis e velozes. Esses métodos rejeitam a documentação e zombam do processo linear, impelindo o pêndulo na direção da velocidade e dos resultados. No entanto, esses métodos introduzem uma desordem própria e, em resultado, os consumidores muitas vezes terminam com produtos incompletos que parecem inacabados. Embora possamos nos orgulhar de expedir nossos produtos mais depressa e mais frequentemente, há muitas vezes uma ansiedade verdadeira entre desenvolvedores e profissionais de marketing devido à falta de estrutura e processo. “Ágil? Está mais para frágil”, murmuramos. Nas culturas que abraçaram muitos destes novos métodos, pode parecer que o ônibus está se movendo em uma enorme velocidade, mas ninguém parece estar ao volante.

Agora considere a empresa Nest, uma dentre um conjunto seleto de empresas que representam uma transformação profunda no desenvolvimento de bens de consumo, produzindo novos e surpreendentes produtos que denotam facilidade e confiança. A Nest produziu uma inovação importante em aquecimento e resfriamento — que poderia ser o segmento de mercado menos empolgante de todos — e o seu novo termostato “inteligente” foi descrito como "sexy" e "belo"; um crítico da CNET experimentou "alegria surpreendente" ao utilizá-lo.[1] Em outro setor conservador — finanças —, encontramos um app de pagamento como Square, que é "um dos modos mais fáceis e mais fluidos que já usei para pagar alguma coisa".[2] A *Fast Company* considerou-o como "uma experiência perfeitamente segura e também atraente".[3] No setor de hotelaria, o Airbnb está transformando a hospitalidade, com um serviço belo, simples e baseado no produto que modifica o modo como pensamos sobre viagens.

Novos produtos como esses foram lançados em setores tão variados como serviços de saúde, eletrônica de consumo, gestão financeira e varejo — e experimentaram crescimento e êxito comercial em ampla escala. Inúmeros artigos descreveram a brilhante experiência de usuário de produtos e serviços fornecidos pela Apple, Nike, JetBlue e Starbucks e correlacionaram essa experiência com aumentos no lucro.

A pequena e inovadora Nest e a Honeywell, sua concorrente grande e antiquada (130.000 empregados), têm ambas acesso aos mesmos bancos de talentos, aos mesmos livros e blogs, e aos mesmos recursos para ajudar a dar forma aos seus produtos. Então, o que estava por trás da aquisição da Nest pelo Google por US$ 3,2 *bilhões*? Por que os produtos da Nest fazem com que consumidores e críticos usem adjetivos como "belo", "lindo de morrer", "assombroso" e "revolucionário"? Como empresas iguais a essa fazem tudo parecer tão fácil, enquanto o resto de nós às vezes tem de se esforçar até mesmo para conseguir que o conjunto mais simples de recursos seja fornecido de um modo elegante e eficaz?

O que torna estas empresas únicas é que os seus produtos são o resultado de um *processo de design*, e é este processo que provocou a fascinação sem precedentes dos meios de comunicação e a adoção pelos consumidores. *Startups* modernas como Airbnb e grandes corporações como JetBlue ou Starbucks provaram que a revolução do setor é possível não se concentrando em acrescentar recursos ou simplesmente fazer com que pessoas comprem mais, mas sim concentrando-se em fornecer um envolvimento profundo e significativo com as pessoas que usam os seus produtos ou serviços. Este envolvimento é alcançado projetando-se produtos que parecem ter personalidade ou até mesmo alma. Esses produtos são percebidos menos como artefatos manufaturados e mais como bons amigos.

UM NOVO MODO DE DESENVOLVER PRODUTOS

Você pode pensar no design relacionado com estética ou usabilidade e pode estar familiarizado com o design da forma em que ele atualmente desempenha um papel na sua organização; tipicamente, o papel é quase insignificante, muitas vezes confuso e realizado por algumas pessoas que são consideradas "criativas". Embora designers e desenvolvedores possam ser convidados a participar em atividades de *brainstorming*, o trabalho deles muitas vezes já é pré-definido: eles recebem uma especificação e lhes dizem para satisfazer exigências que outra pessoa já definiu. Vi contribuidores individuais talentosos arrancando os cabelos com essas exigências porque são deixados sem uma visão estratégica de como essas escolhas apoiam decisões de negócios mais amplas. Eles não entendem por que, em primeiro lugar, foram tomadas decisões de produto e questionam o valor de determinadas decisões ou uma abordagem estratégica inteira.

Embora o design tenha conotações comuns da estética ou facilidade de uso, um importante objetivo deste livro é levá-lo a pensar no design menos como um modo de *fazer as coisas parecerem* de um certo jeito, e mais como um modo de *conseguir que as coisas sejam feitas*. O processo de design que vou expor nos próximos capítulos leva à inovação e ao envolvimento emocional de novos produtos e serviços. Este processo centra-se na *empatia* e baseia-se na pesquisa profunda com pessoas reais no meio-ambiente natural. Isso gera insights significativos sobre o comportamento humano e utiliza esses insights por meio de uma forma estruturada de exploração. É iterativo, usando o pensamento visual para explorar possibilidades potenciais de como será o futuro. E reconhece e celebra a criatividade de *todas* as pessoas envolvidas no desenvolvimento de produto, não somente as pessoas que usam as golas olímpicas pretas ou óculos com armação de chifre. De fato, com o aumento contínuo da tecnologia digital e a capacitação geral que isso proporciona as pessoas em todos os tipos de empresas, esse processo de design e essa maneira de pensar aplicam-se a quase todos os envolvidos na criação e fornecimento de produtos ou serviços a clientes, não somente aos já envolvidos em gestão de marca ou desenvolvimento de produtos.

Em algumas das empresas mencionadas, a palavra *design* nem aparece nos títulos dos cargos e nos manifestos dos processos. Mas quando você explora o que as pessoas realmente estão fazendo nessas empresas, fica claro que elas estão usando os mesmos métodos e técnicas usados pelos designers, como parte de um modo abrangente de pensar sobre as pessoas e o comportamento humano. Nas organizações que usam esse pensamento de design e esse processo, os proprietários dos produtos estabelecem uma empatia profunda com uma comunidade de consumidores para identificar os problemas a serem resolvidos. Eles otimizam um modo distinto de pensar a fim de inferir soluções para aqueles problemas que terão apelo emocional significativo e se alinham a uma visão e a uma meta usando artefatos visuais compartilhados.

O engajamento emocional está no cerne do desenvolvimento de produtos focado no design — os sentimentos profundos que uma pessoa forma sobre um produto enquanto o usa. As pessoas tendem a personificar os produtos — em especial, e cada vez mais, os produtos digitais — atribuindo-lhes características humanas e se relacionando com eles em um nível emocional e humano. A fim de entender isso e ser capaz de criar designs para esse apelo emocional, é crucial não só entender as pessoas, mas realmente ter empatia com elas de modo a sentir aquilo que elas sentem.

Como se pode chegar a tal empatia genuína? A única maneira é passando algum tempo com as pessoas para conhecê-las em um nível pessoal e íntimo, fazendo o máximo possível para ver aquilo que elas veem e experimentar aquilo que elas experimentam. Essa abordagem empática é projetada especificamente para gerar *insights* — um "insight" é definido como uma suposição hipotética sobre o comportamento humano, mas contextualizada como uma verdade definitiva. Estes insights contêm as chaves da inovação, e o processo de design claro e flexível, descrito neste livro, fornece o motor para desenvolver insights em produtos que as pessoas amem, sempre e sempre mais.

Falando de modo simples, neste livro, você aprenderá como aplicar um processo de design, potente e replicável, à gestão de produto; quando usado efetivamente, este processo identificará os insights cruciais sobre as pessoas e traduzirá esses insights em produtos significativos.

Aqui estão os quatro elementos-chave do processo:

- *Determinar a adequação do produto ao mercado*, buscando sinais de comunidades de usuários.
- *Identificar insights comportamentais*, realizando uma pesquisa etnográfica.
- *Esboçar uma estratégia de produto*, sintetizando dados de pesquisa complexos em insights simples.

- *Refinar os detalhes de produto*, usando representações visuais para simplificar ideias complexas.

Este é um processo completo com métodos e técnicas específicos e comprovados. Por meio de capítulos sucessivos que apresentam lições e exemplos instrutivos, bem como entrevistas com gerentes de produto de alguns dos serviços e produtos mais conhecidos mundialmente, você aprenderá como formar e empregar um processo de design para desenvolver seus próprios produtos atraentes. Você vai aprender, especificamente:

- Que a empatia é a chave para criar produtos significativos e que ela pode ser ensinada e aprendida.
- Como trabalhar com a complexidade da pesquisa humana e qualitativa para chegar à simplicidade de uma nova oferta.
- Que a personalidade de um produto, que é crucial para seu êxito, pode ser estabelecida por meio de um processo rigoroso de conceituação.
- Como esboçar representações visuais que ajudem a comunicar uma visão do futuro para um pequeno grupo de fundadores ou um grande grupo de *stakeholders*.

O ÂMAGO DA QUESTÃO

O livro está organizado ao redor desse processo de desenvolvimento de produtos focado no *design* e descreve todo o caminho, desde a ideia até a execução do produto. Aqui está um breve mapa do livro.

No capítulo 1, apresento o design como um processo baseado na pesquisa profunda e empática com pessoas reais no seu meio-ambiente. Este processo gera insights significativos do comportamento humano e utiliza esses insights para direcionar um processo criativo de exploração.

No capítulo 2, defino o *product-market fit*, ou seja, a adequação do produto ao mercado, como a relação que uma comunidade de usuários terá com os produtos. Vou mostrar vários contextos para refletir sobre as necessidades emocionais que as comunidades têm em relação aos produtos e como explorar os cenários de mercado guiados pelo design. Você verá como reunir sinais de uma comunidade de usuários, concentrando-se em como as interações do grupo se desenvolveram e como o grupo se comporta como um todo.

No capítulo 3, você aprenderá como obter insights comportamentais a partir de suas interações com as pessoas. Exponho um método para conduzir a pesquisa etnográfica e mostro como observar o comportamento que indica vontades ocultas, necessidades e desejos em consumidores a fim de ter empatia com eles. Também descrevo como extrair o significado desse comportamento usando uma metodologia chamada *síntese e interpretação*, e você verá como este processo rigoroso leva ao desenvolvimento de importantes insights comportamentais — de provocantes afirmações da verdade sobre o comportamento humano que atuam como a força motriz por trás da inovação de produto e design engajador.

Após ter identificado insights do comportamento humano, você pode começar a traduzir esses insights em uma estrutura para uma estratégia de design. A estratégia de design é uma forma de narração e acentua a posição única que o seu produto assume. No capítulo 4, você aprenderá como repetir por meio de várias explorações emocionais até chegar à personalidade perfeita para seu próprio produto.

No capítulo 5, abordo a visão de produto, descrevendo técnicas para criar o produto e manter o controle sobre os detalhes emocionais sutis. Isso inclui o mapeamento das interações de produto, esboçando os caminhos principais por meio da interface, desenvolvendo uma estética visual que sustente um determinado objetivo emocional e — o mais importante — ajudando a equipe de desenvolvimento a ver a sua visão de futuro.

Finalmente, depois que seu produto foi projetado, ele precisa se tornar real. No capítulo 6, mostro como o design deve direcionar esta tarefa — tipicamente uma atividade de engenharia — para lançar as partes certas do produto no momento oportuno e assegurar que a integridade emocional que descrevi seja mantida. Isto significa capacitar os desenvolvedores a trabalhar em direção a uma visão e dar-lhes um guia direcional, ou roteiro de produto, no caminho para o êxito.

Embora este livro seja construído ao redor de um processo e, em última instância tenha um objetivo prático — ajudar você a conceber, projetar e produzir produtos melhores — ele também apresenta um argumento importante que tem três pontos principais: em primeiro lugar, que os designers podem ser ótimos líderes de produto e, de fato, que os líderes de produto devem ter uma sensibilidade voltada para o design; em segundo lugar, que os não designers podem adotar facilmente este processo e modo de pensar de design, e que, à medida que a tecnologia digital se torna mais universal, mais pessoas e empresas precisarão adotá-la; e finalmente, que uma abordagem de design à gestão de produto é a mais eficaz tanto no direcionamento a um mercado próprio como na identificação de insights comportamentais.

A quem este livro se destina? Se já é um designer profissional ou desenvolvedor de produto, você aprenderá como aplicar as suas habilidades atuais em um novo contexto e dentro de uma nova estrutura que o ajudará a obter mais eficácia e clareza, maior controle e produtividade, além de influência estratégica e compensação mais elevada.

Se estiver abordando a gestão de produto de uma perspectiva diferente — talvez a do marketing e de gestão de marca —, você aprenderá como se apropriar da posição, metodologia e processo de um designer e o valor profundo que isto traz para garantir a adequação do produto ao mercado. Você aprenderá como examinar as decisões relativas ao produto com a lente específica do design, formulando e respondendo à pergunta: "Como esta determinada decisão afeta positivamente as pessoas que usarão o meu produto?". Você também aprenderá novos métodos e processos para gerenciar uma estratégia de produto, o plano pelo qual você realizará seus objetivos de produto.

Espero, acima de tudo, que você ache este livro não só reflexivo, mas prático, e que venha a aplicar este processo em seu próprio trabalho, na formação de produtos bem projetados que as pessoas amem.

1

pelo *design*

São 21h45. Joe McQuaid está sentado no metrô. Ele fecha os olhos e pensa sobre a reunião de duas horas que acabou de ter com o novo chefe. Joe saiu do antigo emprego e acabou de concordar em se juntar a uma startup da área de saúde e bem-estar.

A oportunidade é boa, mas Joe já está se sentindo estressado e ainda nem começou. A empresa em que ele vai trabalhar tem uma base boa, mas esteve em um beco sem saída nos últimos seis meses. Recentemente, houve uma reestruturação completa, com demissões. Determinada a levar a empresa para uma nova direção, a equipe de gerenciamento realinhou-se com apenas quatro pessoas e divulgou uma vaga para alguém da área de desenvolvimento de produto. Joe é essa pessoa.

O histórico de Joe é único. Ele graduou-se em engenharia, mas sempre se voltou para a área de humanidades. Seu cargo mais recente foi como designer sênior de interação em uma empresa financeira da *Fortune* 500, e ele é o primeiro a admitir que não tem uma brilhante inovação em saúde e bem-estar apenas à espera de ser lançada. Mas o processo de entrevista foi bem, e ele se entendeu com os membros da equipe. Eles confiaram na abordagem que ele explanou e sentiram confiança em suas capacidades. Amanhã, Joe começa a trabalhar como o diretor de produtos de uma pequena startup chamada LiveWell.

O ESCOPO DE UM PRODUTO

Joe vai coordenar a equipe de produto, e nós o seguiremos conforme ele inicia em seu novo cargo e enfrenta os desafios da liderança de produto. Mas antes de fazer isso, vamos tentar entender o que um produto realmente é.

Olhe os objetos que estão ao seu redor. Você pode estar lendo este livro em um voo de longa distância; você pode estar sentado em uma cadeira desconfortável, com um descanso de braço entre você e a pessoa a seu lado, e uma garrafa plástica de água no bolso da poltrona à sua frente. Você pode estar lendo este livro em um sofá confortável na sua casa, sob a luz de uma boa lâmpada de leitura e com um drinque na mão. Todas essas coisas são produtos: o sofá, a lâmpada, a poltrona desconfortável do avião, a garrafa de água e até mesmo o próprio avião. Esses produtos foram visualizados, concebidos, produzidos e distribuídos, e cada um desses objetos oferece algum valor — utilidade, ressonância emocional ou lembrança nostálgica.

Talvez você tenha herdado o abajur da sua avó e, cada vez que o liga, você se lembra dela. Talvez você o tenha comprado barato, sem pensar muito, na Target. Embora os executivos da Target adorariam se você lembrasse com carinho da ida até a loja deles, é provável que o abajur só tenha um propósito utilitário: fornecer luz. Há boas chances de que você esteja lendo uma versão digital deste livro em um dispositivo digital, como um celular ou um leitor de e-books. A ideia de produto ficou mais confusa.

O telefone é um objeto físico, como o abajur. Você talvez o tenha comprado, e ele oferece utilidade e valor. Mas a presença física do celular é cada vez mais insignificante; ele é simplesmente um suporte para os bens *digitais*. É muito improvável que sua avó tenha lhe dado o celular, e ainda menos provável que você lembre dela cada vez que o ligar, a menos que ela apareça no papel de parede do celular. Na verdade, é provável que você nem tenha pago pelo celular. Você provavelmente recebeu-o gratuitamente da operadora de celulares e nem pensou duas vezes a respeito disso.

Se você não pagou pelo celular e não dá significado emocional ao objeto em si, a *propriedade* do *dispositivo físico* é cada vez mais insignificante. Se perder o celular, você provavelmente vai se importar muito menos com o objeto de plástico, metal e vidro do que com suas fotos digitais, e-mails e livros contidos no objeto. Num mundo digital, os dados são a parte mais importante e, assim, a ideia de um *produto* se torna estranha e amorfa.

Se o celular não é um produto, o que é então? O "produto" é o aplicativo com que você acessa fotos ou e-mails. O iOS da Apple é um produto, mas como não há a menor probabilidade de sua avó ter lhe dado um de presente, é também igualmente improvável que você pense nele alguma vez com apego emocional. (Será que alguém realmente "ama" seu sistema operacional?) O software no celular está dividido em apps menores que fornecem valor apenas quando você os usa. Neste nível de detalhe digital, você pode começar a sentir alguma coisa similar a uma emoção porque esses apps o ajudam a alcançar objetivos específicos. Quando você "*curte*" a foto do gato de seu amigo dentro de uma caixa de papelão e com uma cara satisfeita, você está interagindo com o *produto* móvel do Facebook. Seu objetivo era emocional (relacionar-se com seus amigos ou se divertir) ou ainda mais banal (passar tempo). O produto Facebook foi projetado para ajudá-lo a alcançar esses objetivos. Ele também foi projetado para ajudá-lo a atingir outros objetivos que você nem sabia que tinha: receber anúncios direcionados de empresas, por exemplo. Obrigado, Facebook!

Você pode pensar na internet do mesmo modo. Ela é feita de produtos que ajudam você a alcançar seus objetivos. Embora o

Google seja uma grande empresa, outra forma de pensar sobre ele é como uma série de aplicativos, como e-mail, agenda, contatos ou grupos. Cada um desses apps é um produto individual e, provavelmente, cada um deles tem um *gerente de produto*. Da Reddit ao *The New York Times*, é possível considerar os bens digitais como produtos e, se procurar o suficiente, você encontrará as pessoas que são responsáveis pela visão e pela fabricação de cada um desses produtos.

ESPERE, ISSO É MESMO FUNÇÃO DE ALGUÉM?

Os gerentes de produtos são encarregados de um produto. Isso significa que eles são responsáveis por identificar os objetivos para esse produto, por fazer com que o produto seja construído e, depois, por compreender se o produto atingiu esses objetivos. No mundo dos "bens físicos" análogos, o gerenciamento de produto é, tipicamente, uma atividade de marketing.

Por exemplo, os gerentes de produto da Gillette podem ser responsáveis por uma marca como Mach3 e seriam chamados de *gerentes de marca*. Eles identificariam oportunidades de mercado ("Outras empresas estão oferecendo barbeadores com três lâminas!"), traduziriam essas oportunidades em um conjunto de características de produto ("Precisamos de mais lâminas no nosso barbeador!"), trabalhariam com outros recursos para fazer com que o produto fosse produzido ("Onde posso comprar mais lâminas?") e, depois, monitorariam o desempenho no mercado. Eles seriam responsáveis por identificar quais mercados deveriam receber o produto, quanto o produto deveria custar, onde seria vendido e assim por diante.

O gerenciamento de produto, tanto no contexto de um objeto físico quanto no contexto de um produto digital, é o processo pelo qual um produto é lançado e o processo pelo qual ele atinge e mantém o sucesso. Não é *gerenciamento de projeto*. Essa é uma competência que está normalmente preocupada em cumprir certa data ou respeitar certo orçamento, enquanto permanece agnóstico quanto ao conteúdo. Não é *publicidade de produto*; essa é uma competência normalmente preocupada com o modo como os consumidores ficam sabendo que um produto existe.

Em vez disso, os gerentes de produto tornam-se especialistas de conteúdo, importando-se profundamente com o que o produto faz e como faz. Isso não significa que eles realmente constroem o produto. No caso da Gillette, um engenheiro de plásticos produz a forma do cabo ou um químico desenvolve a fórmula especial da loção naquela tirinha no final de centenas de lâminas no mais novo barbeador. No caso do software, os engenheiros escrevem linhas de código para construir o software. Os gerentes de produto são responsáveis por articular uma visão para o produto e garantir que aqueles que *realmente* constroem o produto trabalhem para atingir essa visão.

Essa visão é a respeito de pessoas e mercado. **O gerenciamento de produto** deve **garantir uma boa adequação entre produto, pessoa e mercado.**

A adequação entre produto e mercado depende do relacionamento de produtos competitivos e acessórios de produtos, da estratégia para definição de preço e marketing do produto, da viabilidade tecnológica de produzir, distribuir e manter o produto. O *product-market fit* geralmente exige e oferece uma visão macro do mundo e o prepara para pensar sobre conceitos e estratégias. Tem relação com entender o que os consumidores desejam, em termos gerais, e o que o mercado sustentará, em termos gerais. O *product-market fit* é contextual à região geográfica, ao tempo, custo e à execução.

A adequação entre um produto e uma pessoa depende dos recursos incluídos no produto, das emoções que são evocadas por uma experiência com o produto, do estilo do produto, da facilidade de integração entre o produto e outros produtos, e sua capacidade para ajudar a pessoa a atingir seus objetivos (tanto utilitários quanto ligados a suas aspirações). Essa correspondência geralmente exige e oferece uma visão micro do mundo e o prepara para detalhes e táticas. A adequação é entender o que as pessoas querem, necessitam e desejam especificamente.

O QUE É DESIGN THINKING?

A abordagem filosófica tradicional ao desenvolvimento de produto enfatiza um foco externo no mercado, *no que a concorrência está fazendo.* As táticas usadas para substanciar essa filosofia são, como se pode prever, atividades de marketing. Elas incluem, segmentação de mercado, e-mail marketing, publicidade, grupos de interesse, análises de compras e lançamentos de produtos concorrentes.

Com o advento da internet, a gestão de produto encontrou um novo proprietário: a engenharia. Empresas com uma cultura extremamente centrada na engenharia, como Microsoft ou Google, naturalmente encarregaram técnicos competentes de desenvolver não só o produto, mas a *estratégia de produto.* Uma abordagem de engenharia à gestão de produto enfatiza um foco interno em tecnologia, *nas capacidades e recursos únicos que a equipe pode construir.* Essa abordagem tecnológica não ignora as atividades de marketing. Ela simplesmente vê o mercado através de uma lente de engenharia e coloca prioridade nas atividades de engenharia. Essas atividades geralmente incluem itens como definição de requisitos, escrever um bom código, criar interfaces de programação de aplicações (APIs) públicas, otimização, garantia de qualidade, desenvolvimento de recursos, e algoritmos.

Existe uma terceira abordagem ao gerenciamento de produto, que é a baseada no design. A palavra "design" tem sido geralmente usada para descrever desenho de mobiliário, estética em pôsteres e o estilo de produtos físicos, como torradeiras ou carros. Historicamente, os designers faziam os produtos parecerem bons. Por muitos anos, isso fez os designers sentirem que sua contribuição era superficial, que eles eram chamados quando um produto estava quase completo e lhes pediam para "deixá-lo bonito". Agora o design deseja ser mais do que a estética. Os designers descrevem sua disciplina como voltada para a solução de problemas e veem o design como um processo crucial a ser atravessado a fim de encontrar sentido na complexidade e ajudar a humanizar a tecnologia. O processo de design costuma ser descrito como *centrado no usuário*, e não centrado no *mercado* ou na *tecnologia*, pois as decisões são tomadas a fim de ajudar as pessoas a atingir suas metas e alcançar suas aspirações.

Recentemente, esse processo tem sido chamado de *design thinking* porque o modo como os designers pensam sobre os problemas pode ser visto como um modo diferente de pensar sobre o mundo. O *design thinking* é justaposto ao *pensamento analítico*. Os designers aprendem a aceitar saltos de lógica intuitivos ou inferências e a usar esboços e desenho como um modo de solução de problemas. Para os propósitos deste texto, *design* e *design thinking* são usados como sinônimos. Ambos implicam uma abordagem de "design" para a solução de problemas.

Muitas empresas grandes assumiram o design porque esse é um processo que estimula a inovação e ajuda as empresas a evitar a ameaça da transformação em *commodity* e da perda dos diferenciais diante da concorrência. Isso também é discutido no contexto da complexidade do serviço, pois o design pode ajudar a gerenciar a mudança organizacional, melhorar serviços cruciais para a missão (como serviços de saúde) e até mesmo examinar a política governamental existente de novas formas.

Não é de surpreender que o design também possa ser usado efetivamente para gerenciamento de produto. Os gerentes de produto que têm formação em design geralmente seguem uma estratégia de produto que é *centrada no usuário*. Quando tomam uma decisão, ela apoia principalmente as pessoas que vão usar o produto, em vez de apoiar um direcionador de negócio ou um avanço tecnológico. Isso não significa que o gerenciamento de produtos pelo design ignore a tecnologia ou a realidade dos negócios. Ele simplesmente prioriza pessoas em vez de priorizar negócios ou engenharia e usa essa lente para resolver conflitos e priorizar decisões.

Considere como essa postura se manifesta em uma reunião de produto bem típica entre um profissional de tecnologia, um profissional de marketing e o gerente de produto:

> ***Profissional de marketing:*** *Temos uma série de anúncios em banners pronta para ser usada amanhã para promover o novo produto. O produto está pronto para o lançamento?*
>
> ***Engenheiro:*** *O produto apresenta todos os recursos, mas vou precisar de mais uma semana de trabalho para resolver algumas questões de usabilidade. Porém, o cronograma mostra que eu devo ir em frente e construir uma nova funcionalidade o mais rápido possível. Talvez esses problemas de usabilidade possam esperar. Além disso, anúncios em banners são um horror.*
>
> ***Profissional de marketing*** *[entredentes]: Não, você é um horror.*

Certamente, o exemplo é muito simplista. Mas ele representa o *tipo* de conflito que um gerente de produto deve resolver, e resolve frequentemente. Ele poderia atrasar o lançamento do produto a fim de se concentrar nas questões de usabilidade, *priorizando o usuário do produto em vez do cronograma interno ou dos esforços de marketing planejados.* Se ele optar por essa ação, precisará *lidar com as repercussões de um lançamento adiado.*

Ou ele poderia atrasar a solução das questões de usabilidade e lançar o produto, *priorizando o cronograma dos recursos de desenvolvimento e esforços de marketing em vez do usuário do produto.* Se optar por essa ação, ele precisará *lidar com as consequências das questões de usabilidade de seu produto.*

Um gerente de produto enfrenta continuamente situações como essas relacionadas a assuntos tão amplos quanto financiamento, custo, cronograma, qualidade e recursos. Raramente a escolha tem apenas duas alternativas como no exemplo apresentado, pois essas decisões são muito contextuais. No entanto, o gerenciamento de produto pelo design facilita essas decisões porque fornece uma perspectiva consistente a partir da qual analisar e considerar as decisões.

Como o design é um modo filosófico de pensar sobre o gerenciamento de produto, que prioriza o usuário, esse gerente decide a favor da pessoa que tem de usar o software. Depois, ele enfrenta as consequências de um lançamento adiado. Sua prioridade é um produto que seja o mais fácil possível de usar em vez de um produto que seja lançado no prazo ou um produto que tenha recursos luxuosos. Ele também interrompe a reunião, antes que a discussão sobre o valor dos anúncios em banners leve a uma luta física.

O gerenciamento de produto pelo design concentra-se em objetivos e emoções. Imagine que você é o gerente de produto no exemplo. Você tomou uma decisão — adiar o lançamento — e agora deve enfrentar as consequências. O atraso muitas vezes pode ter um efeito dominó. Ele pode prejudicar as necessidades de recursos de outras pessoas. Ele pode ter implicações financeiras. Tomar uma decisão de produto a partir de uma perspectiva de ideologia é ou corajosa ou tola, então quero caracterizar *o gerenciamento de produto pelo design* como não sendo nem ideológico nem dogmático. Na vida real, as decisões de produto sempre são complicadas e constantemente requerem concessões. Mas o gerenciamento de produto pelo design *geralmente* persegue uma agenda de usuários acima da tecnologia ou do marketing, e o gerente de produto frequentemente se vê na posição de defensor dos desejos e necessidades das pessoas.

Em uma grande organização, essa abordagem muitas vezes é a opinião de uma minoria e pode ser tediosa. Atrasar um lançamento cria ondas em qualquer empresa, e essas ondas podem ser interpretadas como perturbações, como se viessem de alguém que não sabe trabalhar em equipe ou que não entende o valor comercial do tempo até o lançamento no mercado. As unidades de negócio organizacionais reforçam uma visão fragmentada: concentre-se apenas no seu produto, mantenha a cabeça baixa e vamos em frente até os resultados de lucros do próximo trimestre.

Mas quando um produto digital é parte do portfólio de software de uma única empresa, como os apps em seu celular ou as várias partes da enorme infraestrutura do Google, a importância do gerenciamento de produto pelo design se torna óbvia, por uma razão simples. Os objetivos das pessoas se cruzam naturalmente com diversos produtos no portfólio, e uma abordagem fragmentada de gerenciamento de produto, que pode ser organizacionalmente fácil de manter começa a tornar a vida dos usuários muito, muito difícil.

Por exemplo, o produto de e-mail do Google, o Gmail, poderia ser pensado como um silo de um produto separado. Ele tem um número finito e gerenciável de recursos e pode ser construído por um número finito e gerenciável de desenvolvedores. Não só isso, mas a equipe pode ser incentivada com base em metas locais de produto e pode até rastrear lucros e perdas no nível de uma unidade de negócios local.

Mas as pessoas que *usam* o Gmail não o usam em um silo e não consideram o e-mail como uma atividade isolada e distinta de gerenciar seus contatos, obter mapas de endereços ou agendar reuniões. A maioria das pessoas não pensa no Gmail como um produto. Elas pensam, em vez disso, que precisam realizar uma ação para alcançar uma meta, como "Preciso falar com você sobre algo importante, mas tenho medo que você surte, então quero fazer isso em um espaço público e quero marcar um encontro numa cafeteria".

Ou, "Preciso descobrir quando todos estão disponíveis para fazer uma *conference call* porque *conference calls* são divertidas e incríveis".

Nesses casos, parte da ação para a meta tem a ver com o envio de um e-mail. Outra parte tem a ver com olhar em uma agenda. Outra parte tem a ver com encontrar o endereço de uma cafeteria e outra ainda tem a ver com achar rotas de carro até o local. Essas atividades *ligam* os diferentes produtos. As separações arbitrárias da estrutura organizacional do Google devem ter pouco efeito sobre a capacidade de uma pessoa atingir sua meta com facilidade. O *gerenciamento de produto pelo design* implica uma filosofia ampla que prioriza os usuários em todos os aspectos da construção de um produto. Isso frequentemente significa fazer coisas que são organizacionalmente difíceis, como fazer com que a equipe de mapas do Google converse com a equipe de e-mail. Isso pode significar a busca do alinhamento organizacional *apesar de estruturas de incentivo ou modelos de relatórios de receita conflitantes.*

Existem outras características únicas do *gerenciamento de produto pelo design*. Os designers frequentemente têm uma visão otimista do futuro, uma visão cética da tecnologia pela tecnologia e utilizam um processo que é, simultaneamente, iterativo, divergente e integrativo. Os designers aprendem a confiar em sua intuição informada e a seguir em frente com dados incompletos, a aceitar os riscos implícitos em estimular a inovação e a usar artefatos visuais como seu principal mecanismo de comunicação. Embora eles provavelmente não o ajudem a decorar a sua casa, os designers gostam que as coisas também sejam bonitas.

PENSANDO VISUAL, CRIATIVA, OTIMISTA E INTUITIVAMENTE

O design é sobre como humanizar a tecnologia ou como encontrar maneiras para que a tecnologia se integre ao tecido de nossa cultura.

Os primeiros designers trabalhavam para *ocultar* ao consumidor a tecnologia envolvendo o interior dos produtos eletrônicos em capas de plástico. Mas a presença do progresso tecnológico por toda parte introduziu a digitalização em tudo, de latas de sopa a viagens aéreas, então ocultar a tecnologia não é mais um objetivo realista. De muitas maneiras, a tecnologia se oculta em si porque é tão prevalente.

Os designers atuais trabalham para fazer com que a tecnologia *se encaixe adequadamente em nossas interações de um ser humano para outro*. Quando se leva o design para o gerenciamento de produto, você descobre que sua tendência natural é ser cético diante do avanço tecnológico como um fim em si mesmo, cético diante do legal apenas por ser legal.

Em vez disso, você deve perceber a tecnologia como um meio em direção a um fim mais amplo, e que esse fim mais amplo é ajudar as pessoas a atingir suas metas e concretizar suas esperanças e sonhos.

O processo de design é visual e usa artefatos visuais para comunicar processos, ideias e soluções. O pensamento visual é um modo de jogar com ideias e refiná-las. Os designers usam quadros brancos, esboços, histórias em quadrinhos e diagramas para comunicar seus pensamentos. Essa visualização age como um modo de experimentar ideias, de explorar as trajetórias múltiplas de uma só vez, de ver o modo como as coisas *poderiam ser* e de criar as narrativas otimistas do futuro de um modo que seja acessível às outras pessoas. Quando você leva o design ao gerenciamento de produto, o pensamento visual torna-se a maneira como as ideias criam vida.

O design tem uma postura otimista em relação ao futuro por assumir que existem maneiras infinitas de trabalhar para melhorar as situações. Em vez de tentar reduzir uma situação a uma solução melhor ou otimizada, os designers procuram explorar o espaço da situação para ver múltiplos potenciais de melhoria e sempre consideram *o que poderia ser*. Um modo de caracterizar essa abordagem é o pensamento integrativo.

Roger Martin, administrador da Rotman School of Management da Universidade de Toronto, explica que esse modo de pensar é comum entre os líderes do setor: "Nos últimos seis anos, entrevistei mais de 50 desses líderes, alguns por até oito horas, e descobri que a maioria deles compartilha um traço bastante incomum: Eles têm uma predisposição e capacidade de manter duas ideias opostas na mente ao mesmo tempo. E aí, sem entrar em pânico ou simplesmente escolher uma ou outra alternativa, eles conseguem resolver criativamente a tensão entre essas duas ideias, gerando uma nova que contém elementos das outras, mas é superior a ambas".[1] Ao unir design e gerenciamento de produto, você vai descobrir que aumentou sua capacidade de viver entre ideias e será cada vez mais capaz que aplicar esse pensamento integrativo em seu trabalho.

Como os designers concebem o que ainda não existe, o processo deles não pode ser comprovado analiticamente até depois do fato. Isso significa que eles devem dar saltos intuitivos ou inferenciais. Isso se expressa, taticamente, como uma forma de interpretação, traduzindo desejos e necessidades amorfos em uma solução tangível. Os designers aprendem a ir em frente apenas com os dados mínimos suficientes, mas mesmo o salto intuitivo mais bem informado ocasionalmente está errado. Embora eles possam trabalhar para minimizar os erros inferenciais, o processo de design é tal que é preciso aceitar o risco da inovação. O risco da inovação é a possibilidade de que um novo produto, sistema ou serviço possa fracassar. Quanto maior o risco, maior a recompensa. Do mesmo modo, quanto maior o risco da inovação, maiores as repercussões do fracasso.

Depois de 18 meses de desenvolvimento caro, o Power Mac G4 da Apple foi lançado no ano 2000 com um formato icônico — *designed* — quadrado e um custo de produção considerável.[2] A Apple interrompeu a produção depois de apenas um ano, tendo vendido apenas 150 mil unidades.[3] Steve Jobs explicou o fracasso como uma falta de público: "Nossa decepção foi que o mercado não era tão grande como achávamos".[4]

A falta de público é uma falha do gerenciamento do projeto. A responsabilidade de entender o mercado potencial para uma inovação cai diretamente sobre os ombros do gerente de produto. Jobs não podia saber que as pessoas não comprariam o produto antes de lançá-lo. Como um gerente de produto — e um inovador —, ele aceitou o risco da inovação, preparado para colher os benefícios do sucesso, e consciente da probabilidade de fracasso. Ao juntar design e gerenciamento de produto, você se verá assumindo riscos maiores e sendo mais confiante ao seguir sua intuição, porque sua intuição será moldada pela empatia com as pessoas que você espera ajudar e capacitar. Você não vai eliminar o fracasso, mas como vai dar grandes saltos, seus sucessos serão maiores e mais óbvios.

LEVANDO O DESIGN THINKING PARA O GERENCIAMENTO DE PRODUTO

Uma escola de pensamento na gestão de produtos, chamada de "enxuta", prescreve o desenvolvimento de um "produto minimamente viável" (MVP), incentivando as equipes a criarem alguma coisa, qualquer que seja, o mais rápido possível e colocá-la na mão de pessoas reais, a fim de testar, mensurar os resultados e fazer pequenos aperfeiçoamentos. Isso, é dito, obriga a uma abordagem científica ao desenvolvimento de produto: retórica, visão e estratégia são subjetivas, mas o uso é objetivo e pode ser mensurado. Após um produto ter sido lançado, a equipe pode analisar os padrões de uso, repetir o processo com base nesse uso, e iniciar um processo objetivo com pouca possibilidade de fracasso.

Embora esse processo científico possa ser bem-sucedido em promover melhorias incrementais ao produto, ele pouco faz para produzir saltos inovadores. Ao alavancar um processo de design, você segue uma abordagem completamente diferente, que pode divergir fundamentalmente das ideias de mensuração científica do desenvolvimento "enxuto" de produto. A MVP e as metodologias "enxutas" dizem ser rápidas. O design é lento e não só porque demora mais. Como é reflexivo, contemplativo e metódico, o design incentiva "marinar e assar", explorando e sonhando. Essas não são características *eficientes* — o design não afirma ser eficiente —, mas o processo descrito neste livro é rigoroso, metódico e altamente organizado. (Ver Tabela 1-1.)

Tabela 1-1

Transições de processos de desenvolvimento de produto

PASSAGEM DE UM PROCESSO DE DESENVOLVIMENTO DE PRODUTO TRADICIONAL:	PARA UM PROCESSO SOLTO E ENXUTO:	PARA UM PROCESSO POR DESIGN:
Concentra-se naquilo que o mercado parece precisar	Concentra-se no que as pessoas dizem	Concentra-se no que as pessoas fazem
Tenta minimizar o viés (e o risco) ao remover discrepâncias e voltar a uma perspectiva "média"	Tenta minimizar o viés (e o risco) ao testar o mais frequentemente possível	Aceita discrepâncias e o risco implícito associado com acolher excentricidades
Divulga o progresso tecnológico e os recursos como fins em si mesmos	Vê o avanço tecnológico positivamente como um meio para obter ideias rápidas e testes	Vê o avanço tecnológico com ceticismo, como um meio para um fim, mas não como um objetivo

Tabela 1-1

Transições de processos de desenvolvimento de produto (*continuação*)

PASSAGEM DE UM PROCESSO DE DESENVOLVIMENTO DE PRODUTO TRADICIONAL:	PARA UM PROCESSO SOLTO E ENXUTO:	PARA UM PROCESSO POR DESIGN:
Tende a ser encontrado em uma cultura altamente analítica	Tende a ser encontrado em uma cultura altamente analítica	Tende a ser encontrado em uma cultura altamente visual
Tenta prever o comportamento do mercado	Tenta testar o comportamento do mercado	Tenta provocar o comportamento do mercado
Define valor em termos de utilidade — o que um novo produto ou serviço pode fazer	Define valor em termos de utilidade — o que um novo produto ou serviço pode fazer	Define valor em termos de emoção — como um novo produto ou serviço faz com que alguém se sinta

Este processo também é intensamente cultural, pessoal e emocional. Ele *celebra* o viés, que é extraordinariamente dependente de *se ter um ponto de vista*. Não é analítico nem empírico e, se você o abordar a partir de uma perspectiva analítica e tentar domá-lo com medidas, você ficará desapontado.

O design é extraordinariamente efetivo como um processo de pesquisa; por compreender o que as pessoas querem, necessitam e desejam, e por empatizar com isso; e como um processo de produção por criar artefatos, sistemas e serviços belos e altamente usáveis. Ensinei as habilidades e os métodos apresentados neste livro a executivos de importantes empresas da *Fortune 500*; a consultores em instituições de produto, militares e entidades do governo; e a estudantes que estão apenas começando. Todos ficaram surpresos ao ver como o processo parece natural e igualmente surpresos ao ver como ele é poderoso em moldar produtos inovadores e atraentes.

Mostro as técnicas e processos que descrevo neste livro aplicados principalmente a produtos digitais, mas os métodos funcionam também com produtos não digitais. De fato, você pode usar estes métodos no contexto de serviços, estruturas empresariais, desafios de políticas e em qualquer outro lugar em que os seres humanos estejam lidando com a complexidade de mudanças sociais e tecnológicas. Um colega meu usou estas técnicas para ajudar os militares a encontrar abordagens alternativas para lidar com o abuso sexual em suas fileiras. Outro colega usou recentemente este processo com a Unicef para ajudar a levar os serviços de cuidados de saúde "Last Mile" ("Última milha") a áreas rurais.

Quando eu estava escrevendo este livro, meu editor na Harvard Business Review Press me disse: "Eu também tive um insight interessante enquanto lia o manuscrito. Eu sou um gerente de produto e tenho exercido essa função há muito tempo, como um editor de aquisições de livros. Tento reconhecer o mercado potencial e o impacto intelectual, emocional e pessoal nos projetos prospectivos de livros. Eu me empenho em deixar minha equipe empolgada com o livro com o qual está envolvida. Eu me associo aos outros para desenvolver o 'produto'. Nossa equipe se associa aos autores e pensa cuidadosamente no mercado para o livro e em como atingi-lo. Lançamos o 'produto' e observamos cuidadosamente a resposta dos usuários". Esse processo é amplamente aplicável em todos os setores e culturas e é cada vez mais necessário conforme mais funções exigem gerenciamento de um processo criativo ambíguo.

Ao levar o design ao gerenciamento de produto, você descobrirá o que as pessoas querem, necessitam e desejam e, então, você criará produtos que as ajudem ou agradem. A abordagem para a gestão de produto procura encontrar espírito e alma e, ao introduzir o design no seu processo, você experimentará um novo nível de ressonância emocional e uma conexão única com as pessoas que usam o seu produto.

UMA ENTREVISTA COM JOE GEBBIA, SOBRE PAPÉIS CRIATIVOS E INTUIÇÃO

Joe Gebbia é o diretor de design do Airbnb, e define a experiência do Airbnb. Ele se dedica a criar uma experiência do usuário inspiradora e sem esforço por meio de design intuitivo e preciso, e cria um roteiro de produto para fazer isso. Gebbia valoriza produtos que simplificam a vida e têm um efeito positivo sobre o ambiente e garante que a empresa siga esses valores.

JOE, COMO UM PINTOR ACABOU OPERANDO UMA DAS MAIS IMPORTANTES *STARTUPS* DO ANO?

Fui para a escola de artes e, quando cheguei lá, descobri que existe o que se chama de design industrial. Nunca tinha me ocorrido que os objetos em nossa vida foram todos criados por alguém. Fiquei muito intrigado e disse a mim mesmo: "Eu preferiria aplicar a criatividade à solução de problemas e à melhoria da vida das pessoas do que aperfeiçoando o mundo do estado da arte". Mudei de direção, deixei a pintura e, enquanto aprendia design industrial, comecei a entender algumas das melhores práticas e melhores abordagens para criar coisas que realmente resolvem problemas para as pessoas. Eu me lembro de uma citação do antigo presidente da Rhode Island School of Design (RISD), John Maeda: "A arte levanta questões, o *design* as responde". Sempre fui inatamente interessado em como a criatividade pode ser aplicada para melhorar a vida de alguém.

Meu primeiro projeto quando saí da escola foi um bem de consumo — uma almofada de assento — chamada Critbuns. Era uma almofada inspirada por críticas de design realmente desconfortáveis na escola. Era uma almofada de espuma, e você podia se sentar nela durante a sua crítica. Todo o propósito era levar uma ideia do meu caderno de esboços para a prateleira de uma loja. Foi um exercício de realidade, identificando o abismo misterioso entre o caderno de esboços e a loja.

Eu consegui descobrir isso, e Critbuns chegou até a loja do MoMA em Nova York. Ela foi minha primeira empresa e me ensinou todo tipo de coisas sobre desenvolvimento de produto. O melhor modo de aprender sobre desenvolvimento de produto, de aprender a diferença entre design e gerenciamento de produto, é começar algo e fazer tudo sozinho. Você vai entender intimamente as tensões entre ser criativo e entregar logo. Em algum ponto, você tem de convergir, parar de ter ideias e chegar ao ponto em que pode produzir, enviar, codificar e fabricar. Foi uma lição maravilhosa para saber o que estava realmente envolvido. Eu não estava atuando como um consultor, em que minha função terminaria e meu trabalho seria entregue. Eu não estava trabalhando em uma grande organização, em que eu estaria confinado a uma certa parte do processo e outra pessoa pegaria o que eu fiz e eu nunca o veria de novo. O modo mais rápido de entender o que é um produto é fazer tudo sozinho. Essa foi uma boa lição, logo no início da minha carreira.

Existe uma questão com o design industrial que eu chamo de culpa de designer. Você percebe, em certo ponto — e isso me aconteceu bem cedo — que se estiver projetando coisas, essas coisas são fabricadas. Para mim, existe essa culpa pesada de projetar coisas que, por fim, contribuem para um aterro sanitário porque, no caso dos bens de consumo, tudo tem um fim de vida. Depois de um dia, uma década, cem anos, em algum momento, as coisas são jogadas fora. Esse é um grande conflito para um designer. Você está aprendendo a fazer coisas e, de repente, essa ficha cai. Eu comecei a pensar: quais são as maneiras de se pode aplicar design ao mundo sem criar mais coisas?

Isso inspirou uma segunda startup para ajudar designers a se conectar com materiais sustentáveis online. Isso foi em 2006 e me levou para o mundo da internet. Por causa disso, eu percebi a beleza de trabalhar com serviços. Quando se tem um serviço na web, não existe atendimento de pedidos, nem produção, nem depósito. A missão social da empresa era conectar designers com fontes de materiais considerados seguros para o ambiente, como plásticos reciclados, madeira reaproveitada ou algodão orgânico. Eu vi os processos de desenvolvimento de produto e de design aplicados no contexto da internet, para o mundo virtual. Existem alguns ótimos princípios do design industrial que se traduzem para a web, como usabilidade e empatia. A fim de entender para quem você está criando, você tem de se colocar no lugar deles. Essa foi uma lição que aprendi na RISD. Trabalhei em um projeto de design médico na escola e, para entender como agir para resolvê-lo, nós falamos com pacientes, médicos e enfermeiras. Nós fomos para o hospital. Houve um momento em que nos deitamos na cama do hospital, e o dispositivo foi aplicado em nós. Nós nos tornamos o paciente. Esse é um princípio que foi levado do design industrial para a web, essa ideia de "se tornar um paciente". Não importa a forma que seu produto tenha; pode ser algo físico, um serviço ou um app. O melhor modo de empatizar e realmente resolver o problema de alguém é vivê-lo e senti-lo em primeira mão.

Enquanto desenvolvia a segunda *startup*, eu fiquei sem dinheiro e tive de descobrir como pagar o aluguel. Para ganhar dinheiro, meu companheiro de apartamento comprou algumas camas de ar e alugou-as durante uma conferência. No final, tínhamos uma ideia muito melhor do que um projeto de fim de semana. E agora temos o Airbnb. O arco da história é que comecei com um produto físico, com produção e entrega, e ele era 100% material. O arco transcendeu agora para um lugar que não apenas não produz nada físico, mas em que estamos inspirando centenas de milhares de anfitriões em todo o mundo a rearranjar o espaço que eles já têm e torná-lo mais eficiente. Estamos substituindo as ineficiências que existem no mundo e revelamos esse novo modelo econômico no processo. Inspiramos outras pessoas a saírem e aplicarem a teoria econômica a outros setores, ou verticalmente, como carros ou estacionamentos ou espaços de eventos ou de *coworking*. Isso tem sido chamada de "economia compartilhada".

Estou nadando no meio do ambiente perfeito agora e a sensação é ótima. Não estamos fazendo coisas e inspiramos não só as pessoas que usam nosso serviço a serem mais engenhosas, mas setores adjacentes a pensarem: "Como podemos aplicar esses mesmos princípios e ser mais eficientes com os recursos que temos?".

VOCÊ DISCUTIU DESIGN E PRODUTO COMO SE FOSSEM DUAS COISAS SEPARADAS. ESSAS FUNÇÕES SÃO SEPARADAS NO AIRBNB?

No início de uma empresa, quando são três caras em um apartamento, você só cria. Não tem muito planejamento. Você só está fazendo. Você não tem tempo para muita pesquisa. Só tem que fazer e experimentar. Você observa os números e vê como as pessoas respondem ao que você fez, e repete avidamente. É fácil fazer isso quando você é bem pequeno.

Mas conforme sua organização cresce, você tem de trabalhar muito duro para manter o design e o desenvolvimento próximos. Existe uma inércia natural que quer separar essas duas áreas. Eu visualizo nossa organização no Airbnb como dois círculos concêntricos, onde eles se sobrepõem no meio — que é a maior parte do espaço interno dos círculos — fica o que chamamos de equipe de produto. O círculo da esquerda é engenharia, o da direita é design, e a sobreposição é o produto. Nós queremos fazer o melhor que pudermos para traçar linhas entre um engenheiro, um *designer* e o gerenciamento de produto, mas reforçar a ideia de que estamos todos na mesma equipe. Não importa qual é a sua especialização, porque estamos construindo o mesmo serviço juntos. No final das contas, os clientes não dão a mínima para quem trabalhou no que nem para qual tipo de engenheiro esteve envolvido, e assim por diante. Eles não se importam. Eles só querem um ótimo serviço. É importante para nós manter esses círculos o mais próximo possível. Isso influencia como dispomos o escritório, como estruturamos nossas reuniões, como socializamos uns com os outros e como partilhamos informações e insights. Tentamos coabitar o máximo possível, o que é difícil porque, conforme as equipes evoluem, elas se tornam mais especializadas. Quanto mais especializado você ficar, mais distantes as coisas se tornam.

POR QUE TER UMA LINHA DE SEPARAÇÃO?

Um engenheiro deveria estar projetando? Um designer deveria escrever códigos? Existem escolas de pensamento que dizem que o designer deveria ser capaz de escrever códigos e ser capaz de criar aquilo que ele projeta. Não acredito nessa escola de pensamento. Gosto de encontrar pessoas que são loucamente apaixonadas, que podem se espalhar lateralmente por várias coisas e podem mergulhar profundamente em uma coisa específica. Se um designer está aprendendo como escrever códigos, ele não está projetando. Não está claro para mim como aprender a escrever códigos torna seu design melhor no longo prazo. Eu preferiria ter uma cultura que seja muito colaborativa, em que os especialistas em design e os especialistas em desenvolvimento possam sentar-se lado a lado e trabalhar juntos em um projeto, de modo que cada um possa usar seus pontos fortes.

QUANDO VOCÊ TINHA APENAS ALGUMAS PESSOAS, SEM FUNÇÕES ORGANIZACIONAIS BEM DELINEADAS, A VISÃO DO PRODUTO ERA PROVAVELMENTE BEM FÁCIL DE COMUNICAR PORQUE ERA COMPARTILHADA. COMO VOCÊ COMUNICA ESSA VISÃO AGORA, COM UMA EQUIPE MAIOR E UMA ESTRUTURA ORGANIZACIONAL DIFERENTE?

A melhor forma de comunicar uma visão de produto é por meio de uma história. No início do ano, fizemos um exercício em que pedi a cada membro da equipe de produto (engenheiros, designers, produtores) que me enviassem por e-mail seu depoimento de cliente favorito de 2012. Eu pedi que me enviassem sua história favorita do hóspede ou anfitrião no Airbnb com quem eles mais se conectassem. Depois, eu perguntei a eles: "Se você contribuísse para construir nossos serviços aqui de um modo extraordinário neste ano, que tipo de e-mail você receberia no próximo dezembro?". Pedi a eles que escrevessem um depoimento futuro fictício, uma história que representasse que eles estão fazendo o melhor código ou design que já fizeram. Se eles fizessem o melhor trabalho de suas vidas, esse seria o tipo de e-mail que receberiam.

As histórias da equipe foram incríveis. A equipe teve muita imaginação e insight em relação a questões que estávamos enfrentando e fomos capazes de descrever a direção do produto. Pegamos todas aquelas histórias, encadernamos em um livro e mandamos de volta para toda a equipe. O livro nos mostrou o tipo de coisas que podíamos criar juntos. Eu também participei; minha história estava na frente, foi a primeira.

Duas pessoas me mandaram e-mails que receberam de clientes e que eram assombrosamente similares ao que elas tinham escrito em fevereiro. Não palavra por palavra, mas as mensagens eram similares ao que elas tinham imaginado. A abordagem de como uma visão é comunicada de você para a equipe de produto é diferente, porque essa é uma oportunidade para que todos se expressem e sejam ouvidos. Eles podem descrever sua visão. Qualquer organização tem de ter um equilíbrio de coisas que vão de cima para baixo e de baixo para cima. Não quero criar uma ditadura, um comando que vem de cima da montanha. Você tem de dançar nessa linha entre ter uma visão e ser inclusivo para que as pessoas possam se apropriar dessa visão.

QUANDO VOCÊ RECEBEU TODAS ESSAS ÓTIMAS IDEIAS, COMO ESTABELECEU PRIORIDADES?

Nós contratamos de propósito pessoas realmente criativas e não nos falta direção a seguir. Então, temos um princípio geral de sermos "guiados pela visão, informados pelo cliente". Como uma empresa, nós certamente temos uma visão de para onde o produto está indo. Geralmente, temos uma estrela do norte para a qual todos nós nos movemos. Mas não posso dizer a cada funcionário exatamente como chegar lá, nem quero fazer isso. Eu prefiro contratar pessoas muito inteligentes que nos ajudem a descobrir isso. Uma visão é projetada para o exterior, mas isso é feito de um modo que indique oportunidades em vez de soluções. Nós falamos sobre para onde estamos indo quando falamos sobre a oportunidade. Não dizemos que vamos lançar esse ou aquele recurso no próximo ano, nem que esperamos que ele tenha estes pontos determinados. Em vez disso, articulamos uma experiência que queremos criar para as pessoas que usarem o serviço no futuro. Depois, procuramos a equipe para preencher os espaços em branco.

ESSA EXPERIÊNCIA IDEALIZADA É DIRIGIDA MAIS POR DADOS OU POR SUA INTUIÇÃO COLETIVA?

Os dados são importantes, e há muitos por aqui. Nós registramos tudo e temos todos os Big Data que poderíamos querer. Temos uma equipe de analistas incrivelmente robusta nos ajudando a descobrir coisas. Esses dados podem lhe dizer o que está acontecendo no site. Eles podem lhe dizer quantas pessoas clicaram em alguma coisa ou não clicaram, quantas pessoas preencheram um formulário ou não o preencheram, ou quantas pessoas navegaram por um fluxo. Mas os dados não respondem *por quê*. Você pode ter projetado esse belo fluxo e ter conseguido alguém para listar um espaço no site, mas ele pode ter parado no meio do caminho. Os dados podem mostrar isso o dia inteiro. Mas os dados não dizem por que aconteceu.

É aqui que a pesquisa e os insights entram em jogo. Nós entramos, qualitativamente, e falamos com hóspedes e anfitriões para descobrir o *por quê*. Nós pedimos que eles sigam um fluxo e nos digam o que está acontecendo. Tentamos entender em um nível humano, não em nível de dados, o que se passa na cabeça das pessoas e quais são suas preocupações no momento de uso. Tentamos saber sobre as experiências que elas esperam ter e as que não foram satisfatórias para elas.

Se você tiver uma nova abordagem ou ideia genial para alguma coisa, não há como medi-la. Gosto desta citação de George Lois, um dos primeiros publicitários, na revista *Esquire*: "Grandes ideias não podem ser testadas. Só ideias medíocres podem ser testadas". Isso resume como me sinto a respeito de tentar mensurar ideias radicais. Simplesmente não é possível. Não se pode aplicar dados para ver se você deve concretizar uma ideia radical. Você concretiza a ideia radical e, depois, mede como funcionou. Se tomássemos decisões puramente baseadas em números, teríamos desistido. Por muitos meses, os números nos disseram para desistir, para trabalhar em alguma outra coisa porque essa ideia não ia deslanchar. Nem sempre tomamos decisões baseadas em números.

QUANDO OS NÚMEROS LHE DIZIAM PARA DESISTIR, COMO VOCÊ OS IGNOROU E CONFIOU EM SUA INTUIÇÃO?

Tínhamos uma experiência sobre a qual podíamos refletir. As três camas de ar e os três hóspedes que recebemos começaram tudo isso — apoiamo-nos em uma experiência do mundo real. Tínhamos vivenciado uma experiência e sabíamos qual era a sensação. Estávamos "casados" com o problema. Nós o entendíamos de um jeito que os outros não podiam. Sentíamos intensamente que, se ficássemos firmes, os outros veriam o que nós víamos. As pessoas adorariam compartilhar seu espaço e conhecer pessoas que não teriam conhecido de outro modo. Tínhamos todos os motivos para acreditar que, se as pessoas vissem o que nós víamos e experimentassem o que experimentávamos, elas nos apoiariam.

Tínhamos uma história clássica sobre isso. Nos muitos meses em que o negócio estava fracassando, assumimos o risco. Os anfitriões estavam publicando fotos dos apartamentos que estavam borradas ou que haviam sido tiradas de noite, e eles não pareciam mesmo lugares desejáveis para ficar. Nós dissemos: "Vamos resolver esse problema. Vamos para Nova York, onde temos trinta apartamentos, e lá faríamos fotos realmente boas para os anfitriões. Sem cobrar nada deles. Então, nós fomos para Nova York, conhecemos alguns anfitriões, tiramos algumas fotos dos apartamentos e, em uma semana, a receita dobrou. Quando eu digo dobrou significa que fomos de US$200 para US$400. Mas isso foi muito! Durante meses, não tinha passado de US$200. Estávamos a ponto de fechar a empresa. Ainda bem que deixamos de lado a ideia de que, no mundo da tecnologia, você deve fazer as coisas de modo escalável.

Tentamos isso no princípio e falhamos miseravelmente. Produzir em escala é a abordagem errada quando se procura ajuste entre produto e mercado. Você não tem uma escala para resolver quando está começando alguma coisa. Então, por que otimizar e para quê? Quando decidimos tirar as fotos, viramos a empresa do avesso. Nós realmente começamos a entender porque aquelas fotos nos ajudaram a interagir com nossos anfitriões. Eles nos falaram sobre todos os problemas que estavam tendo com o serviço. E nós aprendemos algo. Quando aprendemos algo, nós repetimos o serviço para eles e eles começaram a usá-lo mais. Foi por isso que a receita dobrou. Nós voltamos no fim de semana seguinte e fizemos mais fotos, e a receita dobrou de novo. Fizemos isso durante cinco semanas seguidas e a receita dobrou uma semana depois da outra. É inacreditável quando olhamos o gráfico em retrospecto.

Esse foi o ponto de virada. Ao fazer uma coisa que não era escalável, mudamos o rumo da empresa. O legal é que agora pegamos a operação fotografia e a escalamos: temos uma equipe aqui em San Francisco que gerencia 3 mil contratos com fotógrafos em todas as principais cidades do mundo. Existe um modo muito fácil de clicar e receber fotos profissionais de graça. Isso não tem custo para o anfitrião.

JOE, SE VOCÊ FOSSE FALAR COM ALGUÉM QUE QUISESSE FAZER O QUE VOCÊ FAZ: ENTRAR NA ÁREA DE PRODUTO E CONSTRUIR UM NEGÓCIO AO REDOR DE UM SERVIÇO HUMANO, O QUE VOCÊ LHE DIRIA?

Eu lhe diria para criar algo. Nunca foi mais fácil fazer coisas do que neste momento. Nunca foi tão fácil criar um app ou um site. Os recursos são enormes, e o custo de acesso nunca foi tão baixo. Eu os incentivaria a fazer coisas. Pôr a mão na massa o máximo possível. Lançar-se em uma experiência de fabricação. Código ou design ou outra coisa, seja o que for, aprenda e faça algo. Não precisa ter 10 milhões de pessoas usando. Podem ser só você e seus amigos. Mas você criou algo e entregou.

2

product-market fit

como encontrar um apelo amplo

Joe só está na LiveWell há duas semanas, mas no momento, parecem dois anos. Os membros da equipe de liderança falaram sério quando disseram que estavam mudando a empresa. Eles concordaram essencialmente em começar do nada, jogando fora qualquer estratégia de marketing que já existisse e excluindo milhares de linhas de código que já tinham sido escritas. Como tinham dito, eles esperavam que Joe identificasse o processo pelo qual o novo produto ganharia vida. Ele nunca tinha se sentido mais intimidado; e também nunca tinha se sentido mais vivo nesta vida.

Ele tem liderado o grupo por meio de uma série de exercícios de facilitação com a finalidade de entender o mercado de saúde e bem-estar a fim de identificar um espaço em que possam desenvolver um novo produto. O grupo tem mais ou menos vivido na sala de guerra, onde agora Joe, distraidamente, empurra uma caixa de pizza para outro lugar da mesa para ter mais espaço para desenhar. Ele está esboçando um mapa do mercado de dispositivos vestíveis, todos dispositivos que afirmam ajudar as pessoas a monitorar seus dados biométricos. As conversas entre os membros da equipe convergiram para medição pessoal como um potencial espaço de oportunidade. Isso parece ótimo, mas a equipe é cética quanto a construir um produto físico. É possível evitar o gasto de capital de produção e venda de produtos físicos e, de algum modo, alavancar software como uma solução?

O objetivo amplo de Joe é entender o mercado bem o suficiente para poder abrir um espaço para o novo produto, um espaço cheio de oportunidade, mas não lotado de competidores. Seu objetivo mais específico é obter confiança suficiente em uma direção para poder sair do escritório e ir falar com pessoas reais. Joe está convencido de que só precisa de mais algumas peças na história do mercado antes de poder desenvolver um plano de pesquisa. Ele está em um lugar desconfortável porque está tentando entender o product-market fit, mas ainda nem tem um produto.

No Capítulo 1, olhamos como um processo de design favorece as pessoas e se concentra nelas. Um modo de se concentrar nas pessoas é, em geral, como uma comunidade ou população. No contexto dos bens de consumo, podemos nos referir a essa população como o mercado e descrever o objetivo de Joe como "garantir o *product--market fit*". Isso descreve o relacionamento entre um produto e uma ideia vaga do "mercado". Essa ideia complexa inclui simultaneamente os diversos competidores, *stakeholders*, fornecedores e distribuidores de um produto ou serviço. Ela abrange a economia, mas de um modo prático em vez de teórico; ela descreve financiadores, consumidores, publicitários e lojas. Se você alcançar o *product-market fit*, seu produto terá sucesso financeiro. Os termos para julgar o sucesso são relativos. Um novo produto pode alcançar adequação ao mercado simplesmente ganhando visibilidade entre os primeiros a adotá-lo, enquanto um produto estabelecido pode precisar obter lucros elevados ou perturbar a concorrência a fim de obter adequação ao mercado.

Você deve ter reparado que escolhi a palavra "adequação" de propósito, em vez de uma palavra como "vendas" ou "desempenho". Lucro e receita são importantes, mas o relacionamento entre o produto e o mercado é mais complexo do que simplesmente o número de unidades vendidas. Essa adequação descreve o modo como o mercado responde amplamente ao que você tem a oferecer, inclusive posicionamento competitivo, relacionamentos colaborativos e até adoção técnica.

Um mercado pode não estar pronto para um determinado produto. Embora um conceito de produto possa parecer bem valioso, a sociedade como um todo pode não ter a infraestrutura cultural e tecnológica para dar suporte a esse produto. Por exemplo, os sistemas de posicionamento global (GPS) já existiam em 1973, e unidades de GPS para consumidores individuais começaram a ser vendidas já em 2000, mas a maioria dos consumidores não tinha uma forma ampla e simples para usar ou entender essa tecnologia até que a Apple introduziu mapas no iPhone em 2007.[1] A tecnologia de micro-ondas foi desenvolvida no final dos anos 1930 e comercializada no final dos anos 1940, mas não foi bem aceita até termos um respeito cultural pela tecnologia como uma forma segura de cozinhar, cerca de cinquenta anos depois.[2] Historicamente, esse padrão se repete sempre e sempre. Uma tecnologia é desenvolvida e refinada, mas falta um "contêiner cultural", então incapazes de entendê-la, nós a ignoramos.

Esse padrão também pode acontecer ao contrário. Podemos entender uma tecnologia, de modo amplo, mas a tecnologia pode ainda não estar tão pronta para nós como nós para ela. Vejamos o produto U-verse da AT&T, um modo de levar cabo digital até as residências. O produto depende de um certo tipo de cabo de fibra ótica estar disponível na residência. O fio de cobre, o modo mais tradicional de levar um cabo até uma casa, está amplamente disponível; o cabo de fibra ótica é menos comum. Um cliente fora da área de cobertura está sem sorte. Mesmo que esse cliente esteja disposto a pagar o que a AT&T quiser cobrar, ele não vai poder usar o produto até que o caminho crucial da fibra ótica seja coberto. Esse problema muitas vezes é chamado de problema do "último quilômetro": como a empresa pode ganhar tração de mercado sem instalar uma enorme infraestrutura que exige muito capital entre um nó de fibra e a residência, servindo a grande quantidade de conexões do último quilômetro?

U-verse e outros provedores de cabo criaram uma solução alternativa para esse problema. Eles podem levar seu serviço de alta velocidade usando fibra até os nós que estão a cerca de 500 metros das casas dos clientes e, depois, usar os baratos fios de cobre para o último quilômetro, mas o serviço fica visivelmente mais lento. Se um punhado de clientes recebe um serviço pior, a empresa poderia ignorá-los facilmente. Porém, se a estratégia atual de lançamento no mercado exigir uma expansão de base ampla dessa abordagem, o mercado certamente notará e reclamará. O produto terá uma má adequação ao mercado até que a infraestrutura de fornecimento seja ampliada, o que pode demorar anos, pois um investimento intensivo de capital é necessário para estender cabos de fibra ótica até todas as residências. Assim, o *product-market fit* tem a ver com o relacionamento entre a oferta do produto e todas as restrições do mercado, inclusive o tempo.[3]

O QUE É "MERCADO"?

Para conseguir o *product-market fit*, você precisa entender a ideia amorfa de "mercado". O mercado é um espaço de clientes, usuários, concorrentes, políticas, leis e tendências. Digamos que você acabou de desenvolver um novo aplicativo para o iPhone e está prestes a lançá-lo na AppStore da Apple. O lançamento parece muito simples: é só fazer upload do app. Pense de novo, porque você vai se envolver com:

- A comunidade, formada de pessoas que pagam pelo seu produto e por aquelas que não pagam. Algumas pessoas podem ler sobre o seu produto ou usar uma versão de demonstração, ou seu aplicativo pode ser totalmente acessível e gratuito. De qualquer modo, os membros não pagadores da comunidade mantêm alavancagem sobre sua reputação em seu tamanho e escala. Seu produto terá uma comunidade de usuários, mesmo que você não o considere um "produto social" porque a internet estabeleceu uma plataforma social para conversa, debate e treinamento em relação a *qualquer* produto.
- Clientes. A *comunidade* é o topo do funil — o número máximo de pessoas que podem *vir a usar* o seu produto. Os *clientes*, por outro lado, são as pessoas que perceberam valor suficiente em seu aplicativo para pagar por ele. As expectativas deles são altas, mesmo quando o custo é baixo. Em um mundo em que os aplicativos digitais são muitas vezes fornecidos gratuitamente, pagar mesmo poucos dólares leva a expectativas de qualidade, serviço, responsividade e, o mais importante, valor. Os clientes precisam perceber o valor que lhes foi prometido. Simplesmente, o produto precisa funcionar como foi divulgado.
- Concorrentes ou empresas que oferecem um produto semelhante. Eles vão examinar seu produto, considerar a probabilidade de que você perturbe a participação deles no mercado, e agir a partir disso para ignorá-lo, apropriar-se de suas

inovações, ou pior, eliminar totalmente sua capacidade de fornecer seu produto.

- Tendências de mercado que ocorrem ao longo do tempo. Seu produto pode ser um dos inúmeros pequenos pontos de dados que convergem para criar um evento maior, como a criação de uma nova lei ou uma aquisição pela concorrência.
- Políticas ou restrições artificiais sobre seu produto criadas pelo mercado. A AppStore da Apple tem uma lista de regras que determinam sua capacidade de oferecer um produto na loja. Algumas delas são previsíveis, como regras sobre obscenidade ou pornografia. Outras são vagas e surpreendentes. Por exemplo, a regra 2.12 afirma que "Apps que não sejam muito úteis ou não forneçam nenhum valor duradouro de entretenimento podem ser rejeitados".[4] Isso permite à Apple um amplo controle de política subjetiva sobre sua capacidade de lançar um produto no mercado.
- Leis ou restrições artificiais sobre seu produto criadas pelo governo. Seu produto pode ser contra a lei ou pode precisar de uma avaliação específica e de uma aprovação de um órgão do governo. Essas restrições podem limitar sua capacidade de responder rapidamente ao mercado ou podem anular completamente sua capacidade de oferecer seu produto.

Alcançar o *product-market fit* significa lançar um produto de um modo que lide com todas essas facetas. Por exemplo, considere como os aspectos do mercado atuaram durante o lançamento de Heyride, um aplicativo de compartilhamento de carros, em 2012, em Austin, no Texas.

O Heyride foi lançado com a intenção de perturbar o antiquado setor de táxis. Lembra da última vez em que você tomou um táxi? Provavelmente você achou que pagou demais para andar a uma velocidade estonteante pela cidade com um motorista mal-humorado em um carro que fedia a cigarro, só para ele olhar para você com cara feia porque você quis pagar com cartão de crédito ao chegar. Os táxis certamente parecem prontos para uma mudança, e o Heyride queria criar essa mudança. A empresa ofereceu um aplicativo móvel simples para que qualquer pessoa pudesse oferecer seu carro como um táxi. Você poderia se tornar motorista de táxi, definindo seu preço e suas horas de disponibilidade, e cobrando tarifas. Qualquer pessoa poderia se tornar um membro da *comunidade* de motoristas e passageiros. Você poderia se oferecer para ser um motorista ou poderia fazer download de um aplicativo gratuito para explorar a disponibilidade de carros ou para ver avaliações dos motoristas. Se você pedisse um carro pelo aplicativo, você se tornaria um cliente e poderia pagar com seu cartão de crédito.

Heyride é parte de uma ampla *tendência* em direção ao consumo colaborativo, a economia do compartilhamento, na qual as pessoas usam ofertas de serviços para compartilhar produtos caros, em vez de comprar o próprio.[5] Por exemplo, o Airbnb, o popular site de aluguel de vagas de curta permanência permite que as pessoas compartilhem suas casas umas com as outras. NeighborGoods permite que as pessoas compartilhem suas ferramentas elétricas umas com as outras.

Alguns setores ficaram lotados com *concorrentes*, como o espaço de automóvel compartilhado. Empresas como Car2Go, Zipcar e Uber aplicam várias *políticas* para diminuir as crescentes preocupações dos clientes. Por exemplo, o Uber recentemente passou do uso de serviços licenciados de limusines para um modelo parecido com o do Heyride e, ao fazer isso, acrescentou diversas proteções baseadas em políticas como uma apólice de seguro de US$2 milhões e verificações de histórico de todos os motoristas.[6]

Mas, no caso da Heyride, as *leis* impediram a empresa de continuar. Ela foi notificada com uma carta de cessar e desistir da prefeitura de Austin em 31 de outubro de 2012, argumentando que estava violando diversas leis municipais aplicáveis aos táxis. A resposta do CEO da Heyride foi evasiva, e ele afirmou publicamente que "Não sei como vão aplicar essa lei... Para mim, está parecendo que querem alimentar o medo no coração das pessoas que transportam passageiros".[7] Menos de três meses depois, a Heyride foi comprada pela SideCar, outra empresa de compartilhamento de carros. Até o momento em que este livro estava sendo escrito, a SideCar ainda não conseguiu oferecer serviços em Austin.[8]

Quando falei com Brian Romanko, ex-diretor de tecnologia da Heyride, ele descreveu o relacionamento entre as comunidades de usuários apaixonados e a mudança de legislação: "As políticas geralmente são aplicadas com as melhores intenções do público em mente. Porém, os legisladores não podem prever o futuro. A Heyride só foi possível por causa das novas tecnologias, como smartphones equipados com GPS, e pela mudança na opinião dos consumidores em relação à propriedade conforme evidenciado pelo crescimento da economia de compartilhamento. Essas não foram considerações quando os legisladores escreveram as políticas de transporte. Infelizmente, essas políticas também se transformaram em escudos protetores ao redor dos outros envolvidos. Nunca subestime até onde os envolvidos existentes irão para se proteger da perturbação".

Para a Heyride, SideCar e todas as outras empresas nesse setor, o *mercado* está passando por uma enorme flutuação. A taxa de adoção tecnológica de celulares ultrapassou o ritmo da legislação local e cada dia traz novas inovações a setores regulamentados. A resposta da prefeitura de Austin à Heyride é um provável exemplo de como outras cidades vão responder conforme esses serviços buscarem se expandir. Enquanto as prefeituras se atualizam, os proprietários de produtos são obrigados a interagir com novos constituintes, regras e regulamentos do mercado. Eles devem procurar precedentes estabelecidos em outras cidades e, ao mesmo tempo, impelir suas próprias inovações disruptivas para a frente.

O conselho de Romanko para fundadores nessas situações é se concentrar no crescimento de usuários — cultivando defensores apaixonados — em vez de buscar diretamente a mudança nas políticas: "Se um produto vai contra a atual polícia pública, o melhor caminho para o sucesso é construir uma base sólida de apoio dos consumidores. As autoridades eleitas são representantes. Eles têm uma obrigação de considerar mudanças políticas. Quanto mais usuários apaixonados você tiver apoiando sua disrupção (e provando, pelo uso repetido, que as políticas existentes são exageradas ou mal concebidas), maiores suas chances de mudar o *status quo*".

O ecossistema do mercado é muito complicado. Para pensar com clareza sobre o *product-market fit* e ajudar um produto a sobreviver, é necessário monitorar ativamente os sinais no mercado.

COMO OBTER SINAIS DO MERCADO

Um sinal é uma pista, um fragmento de dados; por si mesmo, um sinal não é efetivo. Mas em um grupo, e com interpretação criteriosa, os sinais atuam como uma força impulsionadora para sua estratégia de marketing. A história da Heyride está repleta de sinais. Uma citação em seu comunicado de imprensa pode ser um sinal, como que anunciando um novo relacionamento com os políticos ou descrevendo um novo posicionamento de mercado. As decisões de interface de usuário em seus produtos são sinais que indicam como seu produto pode mudar no futuro. Um post num blog sobre um produto concorrente pode ser um sinal, demonstrando sua intenção competitiva ou o modo como ele pensa sobre o mercado.

Para interpretar os sinais é necessário tempo e experiência e, como é subjetivo, isso acrescenta riscos. Um sinal é objetivo e neutro; uma interpretação é tendenciosa. Esse risco interpretativo pode tanto posicionar seu produto para o sucesso ou condená-lo ao fracasso. Sem pressão. Sua primeira tarefa para entender o *product-market fit* é estabelecer um ritmo na coleta e interpretação sistemática de sinais, e selecionar apenas os sinais que possam ajudá-lo a obter insights em torno da visão de produto, enquanto descarta os sinais que podem sobrecarregá-lo ou deixá-lo paralisado.

IGNORAR OS SINAIS DA CONCORRÊNCIA

Você pode ficar tentado a considerar a funcionalidade do produto de um concorrente como uma referência e tratar o produto dele como sua fonte principal de sinais. Afinal de contas, o produto dele oferece uma mensagem direta de como uma empresa vê sua oportunidade de mercado. A análise da concorrência é um método comum para rastrear o que a concorrência já fez ou como ela já se posicionou. No entanto, a análise da concorrência é enganosa se for vista como um guia para o desenvolvimento de produto porque ela incentiva o comportamento de manada: "Como a concorrência criou esses recursos, nós também temos de fazer o mesmo para continuar em pé de igualdade". É interessante saber quais são os recursos do produto de um concorrente. Copiá-los não é, e aqui estão três motivos para isso:

1. Em primeiro lugar, o desenvolvimento de características exige tempo e recursos, e os esforços de desenvolvimento são jo-

gos de soma zero. Se você tentar copiar tudo que a concorrência está fazendo, você não vai criar as coisas que a concorrência não está criando. Você ficará lutando simplesmente para acompanhar a concorrência. Essa é exatamente a situação em que a Microsoft e a Netscape se encontraram durante as guerras dos navegadores no final dos anos 1990. Quando uma empresa lançava uma nova versão de seu produto, a outra empresa corria para copiar cada característica e embelezá-la um pouco para se destacar da outra. Não havia uma preocupação real com o que as pessoas precisavam ou desejavam. Em vez disso, cada empresa estava focada como míope naquilo que a outra estava fazendo. Essa é a versão de produto da "corrida até o fundo" de preços que as empresas de eletrônicos muitas vezes se encontram, na qual o único método de diferenciação é cortar o preço abaixo da concorrência. Pelo menos, no jogo de preços, os consumidores se beneficiam com custos mais baixos. Na corrida de características de produto, todos perdem.

2. A seguir, a complexidade acrescentada por características extras em um produto sempre serve para diminuir a experiência que uma pessoa terá com qualquer característica nesse produto. Quantificar e catalogar características para algum propósito organizacional interno pode parecer útil, mas pensar sobre características normalmente acontece às custas de pensar nos objetivos. Existe até um modo de computar a sobrecarga dessa complexidade. A lei de Hick descreve o tempo que demora para uma pessoa tomar uma decisão com base nos resultados das escolhas possíveis que ela tem em um produto. Não é de surpreender que a lei de Hick seja logarítmica: acrescentar mais características aumenta exponencialmente o tempo que um usuário demora para tomar uma decisão.

3. Finalmente, o mais importante: seu produto — e os produtos dos concorrentes — devem ter um senso de caráter que é unicamente definido pelos valores e cultura da empresa. O modo como a cultura da empresa molda um produto é considerável (pense na sensação que se tem com um produto da Microsoft *versus* a sensação com um produto da Apple) e não é amplamente reproduzível porque as pessoas específicas que fazem um produto não podem ser copiadas. Observar e assumir as características do líder de mercado não lhe dá os funcionários dele, o ambiente de trabalho nem sua ética de trabalho e, o mais importante, não lhe dá a mesma ressonância emocional. Seria muito simples criar uma loja de sapatos on-line que corresponda à funcionalidade e ao estoque da Zappos, mas seria muito, muito difícil obter o mesmo atendimento ao cliente e a confiança pela qual a empresa é conhecida. Por exemplo, você conversaria casualmente ao telefone com um cliente durante 10 horas para descrever como é morar em Las Vegas, que é exatamente o que aconteceu a um membro da equipe de fidelização de clientes da Zappos? O funcionário não foi repreendido por perder tempo nem por conversar sobre um tema não relacionado ao trabalho porque ele estava cumprindo sua função e se envolvendo na conversa que o cliente queria ter. Para a Zappos, o estoque de sapatos é importante, mas o caráter da empresa é *mais* importante.[9]

Você também poderia ficar tentado a absorver sinais dos concorrentes em relação ao comportamento de mercado, como as aquisições ou o marketing externo deles. Esses sinais surgem diariamente. Você vai observar tendências em lançamentos de produtos, vai observar movimentos de mercado e vai até se dar conta do movimento de talentos. Quando o Yahoo contratou a Marissa Mayer da Google, ele enviou sinais aos gerentes de produtos das empresas envolvidas em e-mail, busca, publicidade, mapas e qualquer uma das centenas de outras áreas de negócio do Yahoo. Esses sinais não são interpretados isoladamente. Um gerente de produto começa a integrar esses sinais em uma visão de mundo do mercado, um quadro de referência para seu próprio produto e sua própria carreira. Um gerente de produto no Facebook interpretaria a contratação de Mayer de um modo muito diferente de um gerente de produto no Twitter, mas você pode apostar que ambos notaram isso e passaram algum tempo refletindo se isso poderia mudar o cenário competitivo para seus respectivos produtos.

Esses sinais são ruídos e são, em grande medida, uma distração de sua tarefa central. Em vez de se concentrar no que a concorrência diz e faz, considere que dados de produto sobre *o mercado* podem ser coletados com mais sucesso em dois outros lugares: o modo como *uma comunidade responde à concorrência* e o modo como *a concorrência se envolve com o avanço tecnológico.*

ACOLHENDO SINAIS DA COMUNIDADE

Talvez a mais rica fonte de sinais do mercado seja a observação de uma comunidade de pessoas, pois essas pessoas — por definição — partilham normas e têm valores em comum. Os sinais que são mais empolgantes dentro do grupo são mudanças em atitudes, mudanças em regras e o desafio das convenções, pois essas mudanças indicam mudanças nos valores. Quando você começa a sentir esse tipo de mudança se transformando em um padrão, você encontrou algo muito, muito valioso.

Pense na comunidade de eleitores jovens e liberais que se reuniram para votar, pela primeira vez, na primeira eleição do presidente Obama. Em um período de 12 meses antes da eleição, uma mudança visível de atitude pôde ser observada enquanto uma geração de jovens geralmente apolíticos tornavam-se cada vez mais engajados e interessados na política pela primeira vez. Essa é uma *mudança cultural*, evidenciada como uma *mudança de comunidade*. Pessoas que compartilhavam diversas características (como idade ou status socioeconômico) começaram a partilhar *valores* também. Para os que estavam fora dessa comunidade — para as gerações mais velhas ou eleitores mais jovens que não estavam interessados na política de Obama — a mudança é totalmente confusa e parece vir do nada, estimulada por forças invisíveis. No entanto, para aqueles *dentro* da comunidade, a mudança parece uma evolução natural do pensamento deles, conforme seu quadro de referência evolui e é reforçado pelo comportamento do grupo.

Você pode observar esse mesmo tipo de mudança de valor ocorrendo dentro de grandes comunidades on-line como Reddit ou dentro de comunidades on-line baseadas em nichos, como FlyerTalk ou MetaFilter. Quando o Yahoo anunciou a aquisição do Tumblr, uma parte da comunidade do Tumblr reagiu negativamente com 72 mil blogs mudando para a plataforma de blogs WordPress em uma hora.[10] Para perceber essa mudança e entender sua relevância, você precisa estar ativamente engajado com essa comunidade. Setenta e duas mil pessoas é muito? Essa é uma sensação marginal ou representa toda a população de usuários? Qual é o contexto predominante, o tom do discurso, e quais são as normas e costumes adotados pela comunidade? Se você mergulhar na comunidade, com o tempo conseguirá discernir quando essas coisas começam a *mudar*. É a *mudança* no contexto, tom ou normas que lhe oferece insight do produto. Esses são os sinais mais úteis que você pode coletar do mercado como indicadores amplos de mudanças de valores. A aquisição do Tumblr pelo Yahoo assinala crescimento para seus investidores de capital de risco, uma mudança na estratégia para o Yahoo e um grande montante de dinheiro mudando de mãos. Nenhum desses sinais são tão interessantes para o *seu* produto quanto o sinal de sua comunidade potencialmente abandonando sua plataforma de expressão.

Em 2007, alguém escreveu o código que quebrou o gerenciamento de direitos digitais em um formato de mídia popular chamado HD DVD. O código foi publicado como um artigo na comunidade on-line Digg. Mais de 10 mil pessoas deram sinal positivo ao artigo, e a popularidade dele aumentou. Mas o site, temendo repercussão legal das grandes empresas de mídia, respondeu com mão pesada. Ele removeu o artigo, baniu a pessoa que o publicou e continuou a restringir a comunicação sobre o assunto. Os membros da comunidade se revoltaram porque o assunto significava muito para eles. Finalmente, a revolta ficou tão intensa que o fundador Kevin Rose respondeu à controvérsia: "Mas agora, depois de ver centenas de histórias e de ler milhares de comentários, vocês deixaram tudo claro. Vocês preferem ver o Digg morrer lutando do que se curvar a uma empresa maior. Nós ouvimos vocês e, a partir de agora, não excluiremos histórias e comentários que contenham o código e vamos lidar com as consequências, quaisquer que sejam elas".[11] Esse tipo de sinal é crucial para moldar as decisões de produto: saber como uma mudança de comunidade como essa acontece ajudará você a direcionar melhor a filosofia de seus próprios produtos. Para perceber a mudança na comunidade, você precisa ser parte da comunidade.

ABSORVER PADRÕES DE AVANÇO TECNOLÓGICO E *DESIGN*

O design pode ajudar a humanizar a tecnologia, e o processo é mais fácil se as pessoas em seu mercado alvo acreditarem que uma determinada tecnologia vai ajudá-las. Estudar os sinais de mercado pode destacar como essa mudança de atitude se tornou comum ou ampla.

A partir de uma perspectiva ampla e conceitual, lembre-se que primeiro foi considerado estranho e, depois, rude, manter uma conversa via headset Bluetooth em público. Agora, é considerado normal ver alguém falando consigo mesmo com um pequeno dispositivo na orelha. Responder telefonemas em locais públicos, como ônibus, aeroportos e restaurantes, infelizmente, tornou-se comum. Isso indica tanto uma aceitação cultural de tecnologia vestível e uma maior familiaridade com quem fala "ser particular em público". Essas duas mudanças ajudaram a simplificar a introdução de inovações mais pronunciadas (e visivelmente estranhas) como o Google Glass ou outras tecnologias vestíveis de câmera, porque ambos indicam um padrão de design para tecnologia avançada: que é socialmente aceitável usar um computador vestível em público para realizar atividades que tradicionalmente eram particulares.

Para um exemplo mais estabelecido, considere o lançamento do mouse de computador — um dispositivo que a maioria de nós considera tão óbvio quanto uma mesa ou cadeira. No entanto, o padrão de interface é culturalmente bizarro; não há nada de natural nem óbvio em empurrar um controlador físico sobre sua mesa a fim de controlar um cursor em uma tela. A Apple aparentemente popularizou o mouse da noite para o dia em meados da década de 1980, e as outras empresas seguiram esse modelo. O paradigma básico de uma interface gráfica do usuário se mescla com o pano de fundo.

Tanto o mouse quanto o Google Glass mostram como a tecnologia está integrada na nossa cultura, e os dois exemplos mostram como você pode criar produtos com tecnologia que existe há décadas. Se prestar atenção, você pode perceber sinais desse processo conforme ele acontece. Tudo funciona deste modo.

Os grandes laboratórios de pesquisa nas universidades e as empresas públicas constantemente divulgam invenções novas, empolgantes e inovadoras, publicando-as em periódicos pouco conhecidos e apresentando-as em conferências acadêmicas. Muitas vezes, essa publicação é um requisito para o patrocínio que sustenta a pesquisa. Em retrospecto, essas publicações oferecem uma trilha histórica para quase todas as inovações de que dispomos na vida moderna. Você pode encontrar a pesquisa que levou ao mouse e às câmeras vestíveis em arquivos antigos de diversos periódicos de engenharia e computação, muitos dos quais estão disponíveis gratuitamente para leitura online. Você pode assistir a um vídeo de Doug Engelbart demonstrando o mouse de computador em 1968 ou ver fotos de Steve Mann usando os primeiros modelos do Google Glass, de 1981.[12] Existe uma trilha óbvia do laboratório de pesquisa até o produto comercial e, depois, do produto comercial ao cenário cultural.

Porém, para seguir a trilha, você precisa estar ativamente procurando por ela. Bill Buxton, um futurista na Microsoft, descreve isso como pesquisa tecnológica que "não é geralmente conhecida, mas que pode ser conhecida por qualquer pessoa que mergulhe a cabeça abaixo do radar para encontrá-la". Ele continua: "Qualquer coisa que será um setor de um bilhão de dólares em 10 anos já tem 10 anos. Se você estudar história, verá que quase ninguém inventou nada".[13] Esse processo lento de humanização tecnológica é um sinal, mas para perceber o sinal, você tem de ler aqueles periódicos técnicos e assistir àquelas conferências técnicas altamente esotéricas.

Essas inovações de produto não aconteceram da noite para o dia, e isso também não acontece com telas flexíveis, touch screens colaborativas, impressão 3D de eletrônicos funcionais, nem a multidão de outras tecnologias que já foram publicamente reveladas pelos pesquisadores. Só quando essas tecnologias se tornam acessíveis e — mais importante — humanizadas, é que elas se tornam visíveis nos produtos que conhecemos, usamos e elogiamos. Como um gerente de produto, o truque é se tornar socialmente ciente de todos esses avanços tecnológicos para poder rastrear a proximidade relativa deles com esse ponto de humanização. Esses sinais surgem em periódicos de tecnologia dos quais você provavelmente nunca ouviu falar e nos anais de conferências muito específicas. Nessas publicações, você pode encontrar sinais de tecnologia que vale a pena seguir. Quando a mídia popular descobrir o progresso, o sinal já terá sido apropriado.

CONTEXTOS PARA SINTETIZAR SINAIS DE MERCADO E PRODUTO

São 23h, e a equipe fez muito progresso. Todos foram para casa, mas a cabeça de Joe está girando depressa demais para que ele vá embora. Ele se inclina para trás na cadeira e olha para o escritório. Esse parece ter sido um dia produtivo, embora confuso.

A equipe ficou esboçando no quadro branco e desenvolveu uma série de contextos com a intenção de criar limites amplos ao redor da direção de um produto. Foi ao mesmo tempo recompensador e muito confuso, porque a conversa foi ao mesmo tempo ampla e específica. Existe uma lista de 200 oportunidades de produtos em um quadro branco, enquanto outro tem um esboço do mercado como uma matriz 2×2. A equipe se concentrou em uma ferramenta baseada em software que ajude as pessoas a ampliar sua visão sobre sua saúde e bem-estar, e há alinhamento ao redor da visão. Joe sentiu um sentimento tranquilo de prazer quando o diretor de tecnologia escreveu: "Ajudar as pessoas a entenderem sua saúde e bem-estar" em letras gigantes no alto do quadro branco.

Essa declaração de visão implícita ajudou os membros da equipe a identificar diversas ideias de design possíveis. Joe tem desempenhado o papel de policial, garantindo que eles não escolham realmente nenhuma das ideias. Tem sido difícil. O objetivo dele tem sido desenvolver a percepção de um espaço de mercado, uma trajetória em que eles possam se mover e explorar, sem realmente se comprometer com um conjunto específico de funcionalidades.

Joe se sente bem. Ele atingiu seu objetivo. A equipe desenvolveu um senso de alinhamento ao redor de um propósito compartilhado, e os diversos artefatos na parede servem para consolidar uma área conceitual a ser explorada.

No Capítulo 1, nós nos concentramos em absorver os sinais do mercado a fim de direcionar o *product-market fit*. Mas não espere que esses sinais lhe digam o que construir; isso seria fácil demais. A pesquisa que você desenvolve não é definitiva, nem prevê o sucesso. Em vez disso, os sinais do mercado lhe dão provocações. Conforme você explora o mercado e observa os sinais da comunidade, da tecnologia e do produto, você pode começar a pensar em artefatos que o ajudem a interpretar essas provocações. O propósito amplo de gerar esses artefatos é obter conhecimento, informar seu *insight* e ajudá-lo a estabelecer uma estratégia e um plano. Os artefatos atuam como peneiras através das quais você passa os sinais. Alguns diagramas são artefatos de apresentação, usados para racionalizar suas ideias para outras pessoas. Pense nesses como artefatos de trabalho. O propósito de criá-los é ajudar você a considerar e a estabelecer uma estratégia. Contraintuitivamente, uma vez que os artefatos foram criados, eles perdem seu valor porque já alcançaram o objetivo: informar sua trajetória geral.

COMO DESENVOLVER UMA DECLARAÇÃO DE OBJETIVO DE VALOR

Embora você possa estar encarregado de um produto, mudar seu pensamento para se encarregar do valor é útil. Quanto você sintetiza os sinais que encontra no mercado, você pode começar a identificar o valor que espera fornecer com o seu produto. Esse valor fala às características humanas, como amor, conexão, respeito ou orgulho. Esse valor — não os recursos — vai diferenciar você no mercado, então é útil contextualizar seu valor em termos de um líder de mercado. (Ver Tabela 2-1.)

Tabela 2-1

Como contextualizar seu valor

Em vez de pensar em si mesmo deste jeito ...	Tente pensar em seu papel deste jeito ...
Sou o gerente de produto do Google Maps.	Ajudo as pessoas a terem confiança em encontrar o caminho rápido e efetivamente. Ao contrário do Bing Maps, nosso produto tenta prever o que você vai procurar com base em seu perfil do Google+.
Sou o gerente de produto do Airbnb.	Ajudo as pessoas a terem uma boa noite de sono enquanto elas têm experiências culturais únicas em uma nova cidade. Ao contrário de um hotel Hyatt, nosso produto o apresenta a uma cultura única, a um estilo de vida e a novos amigos.
Sou o gerente de produto da United Airlines.	Deixo as pessoas física e emocionalmente desconfortáveis por longos períodos. Ao contrário da Virgin Atlantic, nosso produto obriga as pessoas a se conformarem a políticas e procedimentos arcaicos.

A última linha da Tabela 2-1 é uma brincadeira, mas apenas em parte. Quando você passa seu foco do "produto" para "o valor que queremos oferecer às pessoas", sua tendência a cair em uma antiga promessa de marca é rapidamente colocada em cheque. Falando de outro modo, é difícil se esconder atrás de uma mensagem ou slogan de marketing quando você se foca no valor.

Claramente, esse tipo de exercício pode se tornar politicamente carregado. Você pode começar a identificar características desejáveis de sua marca que conflitam com as diretrizes da empresa estabelecidas por alguém que está acima de você na cadeia alimentar. Essas diretrizes foram feitas com a melhor das intenções, mas com um foco não humano. O serviço notoriamente ruim da United Airlines deve-se principalmente a um conjunto muito objetivo de medidas de corte de despesas tomadas na tentativa de agradar aos acionistas.[14] A declaração de valor para uma empresa aérea como a Virgin poderia ser assim: "Eu ajudo viajantes a construírem lembranças em terras estrangeiras, oferecendo voos de longa distância que são muito confortáveis. Ao contrário da United Airlines, nosso produto engloba uma experiência cultural única no solo com uma experiência cultural tranquilizadora no ar".

A diferenciação de companhias aéreas não ocorre pelo acréscimo de recursos de engenharia, pois esses são, em grande medida, pontos básicos. O avião precisa voar. As poltronas precisam sustentar o peso dos passageiros. Em vez disso, a diferenciação ocorre pelo reconhecimento e cultivo do aspecto emocional e das experiências: como a pessoa se sente antes, durante e depois do voo? Ao escrever uma declaração de valor no contexto de um líder de mercado, e tentar assumir uma abordagem honesta aos valores de marca existentes, você pode começar a identificar aspectos emocionais cruciais que podem ajudá-lo a direcionar a diferenciação do produto.

DESCREVER A COMUNIDADE COM UMA MATRIZ 2×2

A declaração de objetivo de valor identifica o tipo de valor que você deseja fornecer e o ajuda a dar sentido aos sinais coletados. Uma matriz 2×2 é outro modo de dar sentido a esses sinais. É uma técnica simples de criação de diagramas que contextualiza um conjunto de dados em duas perspectivas a fim de entender os relacionamentos latentes nessas duas perspectivas. Você pode usar uma matriz 2×2 para sintetizar e entender os sinais de mercado de seu produto e para entender as comunidades que existem no espaço que está explorando.

Primeiro, relacione os diversos segmentos de comunidade que você identificou em sua pesquisa — os diferentes tipos de pessoas que formam a comunidade de usuários potenciais. Durante esse *brainstorming*, a equipe de Joe identificou 16 comunidades no espaço de saúde e bem-estar (ver a Tabela 2-2).

Tabela 2-2

Dezesseis comunidades no espaço de saúde e bem-estar

Triatletas de resistência (Ironman)	Estudantes de yoga	Sobreviventes de câncer	Veganos
Corredores de longa distância (maratonistas)	Estudantes de Pilates	Fitoterapeutas	Seguidores da dieta paleolítica
Pessoas que se exercitam diariamente (isto é, categoria Gold de academia)	Fisiculturistas	Crianças (esportes de equipe)	Atletas de fim de semana (esportes de equipe de adultos)
Fitness não convencional (isto é, CrossFit)	Aposentados recentemente	Mulheres, pós-gestação	Seguidores de dieta sem glúten

A seguir, considere os diversos atributos dessas comunidades que ajudam a definir e diferenciá-las umas das outras. Liste os atributos factuais e também os atributos emocionais.

Joe poderia começar perguntando a si mesmo: "O que diferencia os que se exercitam diariamente dos que se aposentaram recentemente?". Suas respostas poderiam ser: "Os que se aposentaram recentemente têm muito mais tempo" ou "Os que se exercitam diariamente são mais jovens" ou "Os que se aposentaram recentemente sentem mais ansiedade em relação ao dinheiro". Conforme trabalha com os diversos grupos, ele chegará a uma lista de atributos que descreve as comunidades (ver Tabela 2-3).

Tabela 2-3

Atributos que descrevem as 16 comunidades no espaço de saúde e bem-estar

ATRIBUTOS FACTUAIS	ATRIBUTOS EMOCIONAIS
Quantidade de população	Estigma social de participação
Custo necessário para participar	Facilidade percebida de participação
Equipamento necessário para participar	Acompanhado por introspecção
Compromisso de tempo necessário para participar	Acompanhado por ansiedade
Disponibilidade física	Medo de compromisso financeiro
Idade	Questões de imagem corporal

Agora, faça uma tabela 2×2 em branco. Pegue um atributo factual ou emocional para o eixo x e outro para o eixo y. Comece a colocar as comunidades no diagrama. Tente avaliar a posição delas uma em relação à outra. Se não souber onde colocá-las, você precisará realizar pesquisa para entendê-las melhor. Falaremos sobre como fazer essa pesquisa no próximo capítulo.

Por exemplo, Joe selecionou os atributos "quantidade de população" e "acompanhado por introspecção"; a matriz 2×2 que resultou é mostrada na Figura 2-1.

Figura 2-1
Um diagrama 2×2 para o espaço de saúde e bem-estar.

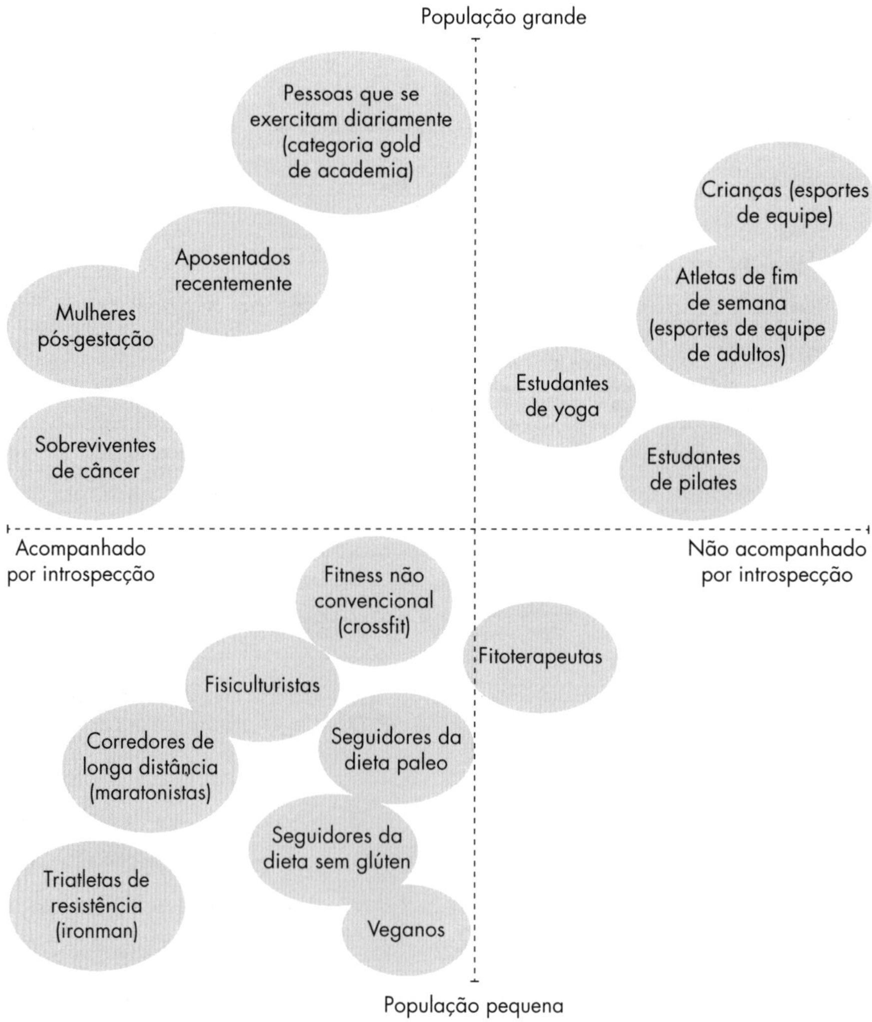

Veja como Joe aproximou o posicionamento de cada segmento de comunidade a fim de mostrar como ela se relaciona a esses atributos. No diagrama de Joe, existe espaço em branco no quadrante superior esquerdo e no quadrante inferior direito. Esses espaços podem indicar oportunidades de mercado, locais que seu produto pode visar. Ou podem indicar áreas em que não existe mercados promissores, locais em que ele deve evitar posicionar seu produto.

Esboce outra matriz 2×2. Continue a explorar o espaço, comparando atributos e veja o que acontece. Seu objetivo não é passar por todas as combinações o mais rápido possível, e os diagramas não vão lhe dar nenhuma resposta definitiva. Em vez disso, seu objetivo é conseguir senso do espaço, construir uma sensação sobre como as diversas comunidades se intersectam umas com as outras, e vivenciar um espaço divertido de exploração. Esses diagramas são ferramentas de pensamento para ajudá-lo a analisar uma inovação potencial a partir das diversas perspectivas das pessoas que se beneficiarão com ela. Converse sobre os diagramas e tente definir o que cada um poderia significar para você e para sua empresa.

JOGANDO "E SE?"

Um modo filosófico de pensar sobre engenharia é como uma atividade redutiva em que um engenheiro *elimina a incerteza* e *reduz os resultados potenciais* a fim de identificar e, em última instância, otimizar um único resultado. Quando uma desenvolvedora de software escreve uma função, ela se compromete com uma estratégia e uma série de passos e, ao fazer isso, ela elimina outras estratégias ou passos. As iterações de desenvolvimento adicionais em um dado produto tendem a otimizar o código para ser mais eficiente, e essa otimização é um exercício de eliminação. A refatoração aumenta a eficiência e a simplicidade, e reduz a complexidade.

O design, porém, é frequentemente uma atividade generativa. Os designers consideram futuros múltiplos, pensando sobre os modos diferentes como o mundo *poderia* ser. Isso significa examinar e considerar ideias diversas, permitindo que estas se desenvolvam gerando mais ideias, em vez de reduzir. Especialmente no estágio de inovação, o designer deve fazer e responder conjecturas "E se?".

Um designer industrial trabalhando a forma de uma nova cafeteira poderia esboçar centenas de pequenas variações, a fim de explorar a forma. Cada esboço é provocativo, pois estimula o designer a pensar em novas possibilidades. Embora a pergunta "E se?" seja tipicamente feita a respeito de produtos, ela também pode ser feita em relação à estratégia de mercado. Um esboço de uma estratégia de mercado vai evocar introspecção, e essa introspecção pode ser visualizada em esboços alternativos. Os resultados de esboçar a estratégia de mercado geralmente assumem a forma de cenários futuros do movimento do mercado.

Imagine que você está trabalhando na pequena startup Heyride, mencionada antes e focada em dinamizar os serviços tradicionais de táxi oferecendo um programa colaborativo de compartilhamento de carros. Seu produto está em desenvolvimento e será lançado em alguns meses. Embora você já tenha se comprometido com decisões sobre o produto, que estão sob seu controle, existem muitas decisões de mercado que fogem do seu controle. Você pode usar as conjecturas "e se?" para pensar sobre quais ações um concorrente poderia tomar e usar isso em sua vantagem:

- E se a Yellow Cab lançar um app similar em um período similar?
- E se um usuário de nosso produto enfrentar perigo ao usar nosso produto?

- E se os usuários não confiarem em nossa oferta de produto?
- E se recebermos uma crítica negativa na imprensa?
- E se o governo municipal não reconhecer a legitimidade de nosso negócio e apresentar empecilhos jurídicos?

Ao formular conjecturas "e se", você pode provocar uma narrativa ficcional do futuro. Você pode imaginar novos cenários e começar a planejar um curso de ação. Algumas dessas questões podem levá-lo a ações para diminuir o risco. Outras podem introduzir, alterar ou eliminar atividades de marketing. Outras ainda podem modificar os recursos do próprio produto. Visualizar o que seus concorrentes poderiam fazer no futuro é diferente de olhar o que eles já fizeram. Conjecturar "e se" permite que você aja estrategica e preventivamente em vez de simplesmente responder no estilo recurso-por-recurso.

IMAGINAR PERDER

No desenvolvimento de inovação do produto, você pode ser tentado a examinar os produtos e as ofertas que um concorrente já tem, mas no minuto em que faz isso, você já ficou para trás. O produto do concorrente já existe, e você só pode reagir a isso. Você pode passar na frente, porém, ao presumir que um concorrente vá lançar um *novo* produto no mercado. Nesse cenário, imagine que seu produto perca miseravelmente para esse novo produto. Você pode visualizar como a oferta concorrente é apresentada ao mercado e, em resultado, você será capaz de desenvolver uma estratégia igualmente competitiva de lançamento no mercado.

Comece pensando no seu produto na prateleira de uma loja. (Lembra de quando os softwares eram vendidos em caixas nas lojas?

Se isso o ajudar a imaginar, você pode fingir que a loja se chama App Store e tem o formato de um iPhone gigante. Agora, imagine um novo produto do concorrente ao lado do seu, e dois clientes que andam pela loja. Os dois clientes pertencem a seu público-alvo, e eles estão falando em voz alta sobre o que eles pretendem comprar. O que eles dizem quando se aproximam do produto? Como eles analisam e comparam os dois produtos oferecidos na prateleira? Quais são os fatores que os atraem para um ou outro produto, e como o diálogo que mantêm reflete a capacidade de tomada de decisão deles?

Como exercício estratégico, suponha que os clientes comprem o produto do concorrente. Por que eles o escolheram? Qual era a mensagem do produto? Quais os recursos e funções? Qual a faixa de preço? Qual a reputação da marca da empresa concorrente? Qual a estética da embalagem? Imagine um futuro em que o seu produto perca. Por que ele perde?

Nesse ponto, é útil literalmente esboçar o diferenciador em um papel. Se o produto do concorrente tem uma estratégia de determinação de preço superior, esboce como o produto e os recursos são precificados. Se existe uma funcionalidade única no produto, faça um esboço de como ela se manifesta. Se a empresa fictícia tem uma estrutura organizacional superior, desenhe-a e identifique o que a torna melhor do que a sua. Escreva um comunicado de imprensa, anunciando o lançamento do produto concorrente e, depois, escreva um artigo fictício de como o seu produto — que já tinha uma posição superior no mercado — foi superado pelo novo lançamento. Identifique a fraqueza em sua estratégia que permitiu que o concorrente fosse bem-sucedido e você, hipoteticamente, falhasse.

Depois de terminar, você terá as bases para uma estratégia defensiva de produto.

UMA ENTREVISTA COM JOSH ELMAN SOBRE O PROCESSO DE GERENCIAMENTO DE PRODUTO

Josh Elman integrou a Greylock Partners, uma empresa de capital de risco, como diretor, em 2011. Nos últimos 15 anos, Elman trabalhou nas funções de produto e de engenharia em algumas das principais empresas de mídia social, comércio e mídia. Antes da Greylock, Elman foi líder de produto para crescimento e relevância no Twitter e ajudou o Twitter a aumentar sua base de usuários ativos em cerca de 10 vezes. Antes do Twitter, ele trabalhou na plataforma do Facebook e liderou o lançamento do Facebook Connect. Antes em sua carreira, Elman coordenou o gerenciamento de produto para Zazzle, foi parte da primeira equipe do LinkedIn, focado em crescimento e empregos, e coordenou a engenharia de produtos para RealJukebox e RealPlayer na RealNetworks. Elman é bacharel em sistemas simbólicos com foco em interação computador-ser humano da Universidade Stanford.

JOSH, FALE UM POUCO SOBRE VOCÊ. COMO VOCÊ CHEGOU À POSIÇÃO INFLUENTE QUE TEM AGORA?

Quando eu estava na faculdade, escrevi no meu currículo que o meu objetivo era fazer ótimos produtos que mudassem a vida das pessoas. É uma afirmação estranha para alguém que está saindo da faculdade, mas eu sempre soube que queria encontrar empresas e pessoas fazendo coisas que pudessem ser uma parte importante do futuro e queria ajudá-las nisso. Eu não queria abrir uma empresa nem ser um fundador; eu realmente queria fazer coisas que pudessem ter um grande impacto no mundo e ser parte delas. Então, passei toda a minha carreira tentando fazer isso. Comecei a pensar que, para realmente causar impacto, você precisa codificar e verdadeiramente produzir coisas. Eu tinha ajudado outras pessoas a criarem coisas, mas nunca tinha criado nada. Então, meu primeiro emprego depois da faculdade foi como engenheiro em uma empresa chamada RealNetworks, em Seattle. Trabalhei em uma plataforma chamada RealPlayer, que foi o primeiro meio para áudio e vídeo na internet. Depois de alguns anos, eu estava coordenando uma equipe de cerca de 15 engenheiros e profissionais de produto, enviando o cliente RealPlayer a centenas de milhões de pessoas. Foi muito incrível.

Tudo o que eu fiz até agora foi tentando perseguir meu caminho de volta ao meu primeiro emprego, entregando algo que causa impacto em centenas de milhões de pessoas e mudando a maneira como usam a tecnologia. Da Real, fui para o LinkedIn. Éramos 15 pessoas e tentávamos descobrir como conectar profissionais para que eles tivessem mais oportunidades e mais acesso a empregos. Queríamos dar um jeito de as oportunidades encontrarem os profissionais.

Fiquei empolgado com uma empresa chamada Zazzle, um mercado que permitia que as empresas se conectassem e fabricassem produtos sob demanda. Se você tivesse projetos, você poderia fazer upload deles e ter os produtos enviados no dia seguinte, sem ter de manter um grande estoque. Fiz isso por alguns anos.

Em 2008, entrei para o Facebook porque eu realmente acreditava que, ainda naquele ano, ele estava no início de sua jornada para conectar todas as pessoas no mundo e se transformar na plataforma sobre a qual outros serviços se construíam para serem redes sociais. Eu sabia que toda a web e a internet, aplicativos e telefones, todos se tornariam mais sociais. Trabalhei em uma plataforma chamada Facebook Connect.

No outono de 2009, fui para o Twitter. A empresa tinha 80 pessoas, e o Twitter em 2009 era conhecido como uma rede social que as pessoas usavam, mas não sabiam bem por quê. Nós descobrimos como levar o mundo ao Twitter. Criei uma equipe ali chamada Onboarding, que se transformou em User Growth (crescimento de usuários). Nós descobrimos como levar nossa base de usuários a uma centena de milhões de usuários e ajudamos as pessoas a perceber como o Twitter poderia ser mais significativo em suas vidas.

Saí em 2011 porque esse trabalho estava em boa forma. Em vez de procurar uma empresa na qual trabalhar em período integral, tentei encontrar uma posição em que eu pudesse ajudar mais de uma empresa por vez a chegar ao mesmo nível. A ideia de trabalhar em uma empresa de capital de risco pareceu ser boa para mim. Eu tinha trabalhado com o pessoal da Greylock no início do LinkedIn, então fui para lá. Meu trabalho em tempo integral agora é como investidor, tentando encontrar as empresas que estão nos primeiros estágios de formar redes e mercados realmente sólidos. Considero investir nelas como realmente tentar convencê-las a nos contratar. Se elas nos contratam, nosso trabalho é ajudá-las a terminar a jornada para se tornar uma empresa grande e bem-sucedida.

QUANDO VOCÊ PENSA SOBRE O QUE FEZ NESSAS EMPRESAS — AJUDANDO CADA UMA A TER SUCESSO, FAZENDO ÓTIMOS PRODUTOS, AFETANDO MUITAS PESSOAS —, COMO SE FAZ ISSO? QUAL É A ESTRATÉGIA PARA ISSO?

Não existe uma estratégia que sirva para tudo. Não há atalhos. Você normalmente começa com algo que pareça ter impacto. Alguém tem uma ótima ideia. O processo de transformar essa ideia em uma dessas empresas é um processo de descobrir o que é essa base, qual é realmente esse ativo único, então, depois de descobrir e construir isso, o resultado vem em cascata. Muitas vezes, chamamos isso de "efeito de rede". Cada nova pessoa que se associa ou começa a usar o serviço o torna muito mais valioso para todos os que já estão nele.

Nem tudo tem efeito de rede e se torna grande. Algumas redes ficam grandes conforme as pessoas armazenam dados nelas; isso se chama compromisso progressivo. Você coloca mais dados no sistema e se torna cada vez mais comprometido com ele ao longo do tempo. Fica cada vez mais difícil deixar esse serviço. Evernote ou Dropbox são ótimos exemplos. Uma vez que você tenha muitas informações nesses serviços, fica muito mais difícil mudar. O Google fica melhor quando cada vez mais pessoas o usam, mesmo que não seja um efeito de rede isolado. Conforme você faz mais pesquisas, os resultados do Google ficam melhores e, conforme mais pessoas fazem buscas e obtêm melhores resultados, todos ganham.

O objetivo é identificar o ativo único e de base ao redor do qual você pode construir. Aí, você descobre como pode conseguir o máximo de pessoas que se associem a isso o mais depressa possível e de um modo significativo. Se as pessoas realmente usarem o serviço de um modo significativo, por meio de um efeito de rede ou de um compromisso progressivo, você acaba com potencial para um sistema realmente de longa duração.

COMO IDENTIFICAR O ATIVO QUE PODE SER DEFENDIDO?

No caso de empresas de consumo, procuro uma de duas coisas. Busco atenção, onde você está agregando a energia das pessoas.

Elas vêm até você em busca de informações que não estão conseguindo em outro lugar. Ser essa fonte primária de atenção é crucial. Eu também procuro um valor de base, algo como "segurança das minhas informações, sejam meus dados ou minhas ideias". Ou "oportunidades para encontrar um novo emprego e ter certeza de que posso sustentar minha família".

ESSES VALORES DE BASE PARECEM REALMENTE CARACTERÍSTICAS HUMANAS PROFUNDAS, E NÃO TRIVIALIDADES COMO "ESCREVER UMA LISTA MELHOR DE COISAS A FAZER" OU "TORNAR A BUSCA MAIS SIMPLES". COMO VOCÊ REFINOU SUA CAPACIDADE DE PENSAR? ISSO É ALGO QUE SE APRENDE NA ESCOLA?

Mais ou menos. Você aprende esse tipo de coisa nos programas de psicologia e sociologia, não necessariamente nos departamentos de ciências da computação. Eu tive sorte de me concentrar nos estudos de sistemas simbólicos, em Stanford, de onde também saíram pessoas como Reid Hoffman, do LinkedIn, e Marissa Mayer, do Google (e agora do Yahoo). Eles fizeram o mesmo curso. O fundador do Instagram, Mike Krieger, também. É uma combinação de ciências da computação, filosofia, linguística e psicologia. É um estudo da camada, interface ou membrana de como as pessoas pensam sobre os computadores e de como elas interagem.

Mas também depende de instinto. A parte mais difícil de construir algo se resume a isto: você está construindo para si mesmo ou está construindo para a maioria das pessoas que irá reagir e interagir com o produto? É importante e realmente poderoso sair da sua cabeça e pensar sobre como as outras pessoas vão se relacionar com um sistema ou um produto, e garantir que você faça as escolhas que sejam significativas para elas, não para você. Se você passar tempo suficiente fazendo as perguntas certas, terá uma boa chance de aprender esse instinto.

ESSA É UMA COMPETÊNCIA TÁTICA NA CONSTRUÇÃO, MAS UMA COMPETÊNCIA EMPÁTICA NAS PESSOAS.

Exatamente isso. O que realmente mudou, nos últimos cinco ou dez anos, é que os sistemas de computador se tornaram muito menos o que *se pode construir* e *como realmente funciona* e muito mais *o que você deveria construir para mudar o comportamento humano*. Isso significa que há muito mais ênfase *no que está sendo construído* em comparação a *como isso está sendo feito*. Google é a última empresa que se tornou grande no setor de tecnologia da computação simplesmente por causa do que ela poderia fazer os computadores fazerem. Tudo depois disso, Facebook, Twitter, Zynga, Groupon — todas essas empresas são baseadas nesses princípios muito mais simples de como as pessoas interagem. Descubra primeiro a camada da interface. A tecnologia vem depois.

ENTÃO O QUE É GERENCIAMENTO DE PRODUTO, SE NÃO É RESPONDER À PERGUNTA "VOCÊ PODE CONSTRUIR ISSO"?

A função é ajudar sua equipe a enviar o produto certo a seus usuários. Muitas pessoas pensam que gerenciamento de produto é sobre ser o CEO do produto, ser a pessoa que toma as decisões e estabelece o roteiro. Eu penso que isso é completamente errado. Não acho que o gerente de produto seja o CEO nem o responsável pelas decisões nem quem decide quanto ao produto. Bons gerentes de produto ajudam a equipe a fazer essas coisas. O gerente de produto não é dono do roteiro; o gerente de produto *produz* o roteiro com base em conversas de consenso com design, engenharia e comercial. O gerente de produto não é dono das especificações; ele as produz com base em conversas com todos que trabalham no produto. Eles são responsáveis por capturar isso em um documento.

Sua função é ajudar sua equipe a entregar o produto certo a seus usuários. Sua função é descobrir quem são seus usuários, o que eles querem poder fazer e quais são os produtos certos para ajudá-los a fazer isso. Sua função é fazer com que toda a equipe construa esses produtos. Um modo em que pode ajudá-los é definir uma visão louca e fazer todos agirem em torno dela e decidirem que ela é incrível. Você pode fazer isso pedindo ao fundador que estabeleça a visão e aí só faz com que a equipe o siga. Desenhe algo em um guardanapo e deixe todos superempolgados com isso. Mas sua função não é obrigá-los a fazer isso. Você precisa vender, envolver, aprender e ouvir, e deixar a equipe inteira empolgada para fazer isso.

Você também precisa ser um bom contador de histórias. Bons gerentes de produto podem contar uma história sobre um usuário, o que ele está fazendo na vida hoje e o que ele seria capaz de fazer no futuro se nós lhe dermos o produto certo. A história não é necessariamente sobre o que o produto é — como, "é um celular que tem 10 por 7 centímetros". É mais como, "imagine que alguém está andando na rua, sente uma vibração no bolso, tira esse dispositivo e é capaz de ver essa informação". Você não tem de identificar exatamente quais são os recursos para contar essa história.

Você também precisa ser um ótimo ouvinte. Você tem de ouvir todos, absorver o que eles querem, do que precisam e as ideias que têm, e articular uma história melhor. Você tem de ter humildade. Todo o processo de construir produtos é tão cheio de tentativa e erro e tão repleto de enganos que, na verdade, ser humilde é crucial para envolver uma equipe. É uma humildade confiante, o que percebo que é um paradoxo. Você tem de ser confiante no que acredita, mas humilde no que está aprendendo e ouvindo. É realmente complicado. Você pode tentar ser Steve Jobs e estar seguro de que está certo, mas só existe um Steve Jobs. Todos queremos ser Mark Zuckerberg, mas só existe um Zuck. Trabalho com pessoas como Steve ou Zuck e os ajudo a perceber essa nova realidade.

Não é só ouvir as pessoas. É também ouvir os dados. Você precisa ouvir não só o que as pessoas dizem e as ideias que elas têm, mas também dados e consultas, e tentar descobrir o que as pessoas estão fazendo a partir da observação do comportamento delas. Não é que você evite tomar decisões, como se "os dados dizem isto, então temos de fazer aquilo". Mas use isso para se informar.

Você também tem de ser criativamente pragmático. Você tem de ser capaz de ver o que deseja que seja feito e ter modos criativos de abordar sua equipe, mas ser pragmático e entender o tempo que as coisas levam e quais são as dependências verdadeiras. Você precisa ser criativo ao redor dessa realidade a fim de que algo seja realmente feito e entregue.

ONDE AS PESSOAS ADQUIREM ESSES TRAÇOS?

O mais engraçado sobre gerenciamento de produto é que não existe um caminho definido. Você tem de se colocar no centro de todas essas coisas que eu mencionei. Recentemente, eu estava falando em uma conferência de produto em que nenhum dos outros palestrantes tinha histórico técnico. Eles tinham experiência como roteiristas de TV e escritores de teatro. Você pode ser um bom contador de histórias, ser criativamente pragmático e ter a humildade confiante certa, independentemente da área de que venha. A questão real é: Você consegue unir essas coisas de um modo que lhe permita trabalhar com as porcas e parafusos da engenharia?

O QUE FAZ UM GERENTE DE PRODUTO?

Tem menos relação com o que você faz e mais sobre qual artefato você elabora. O artefato do engenheiro é o código. Os artefatos do profissional de marketing são anúncios, comerciais, vídeos e conteúdo. O artefato do gerente de produto é o roteiro e as especificações de consenso, e o documento de posição que todos usam para fazer bem essas duas outras coisas.

Existem realmente quatro artefatos que um gerente de produto elabora. Um é um roteiro geral que delineia as principais iniciativas que você deseja tomar para levar o produto adiante. Isso está em um alto nível e descreve os vários objetivos. A especificação é o segundo artefato, a definição detalhada do recurso ou da mudança no produto que você fará para qualquer um dos itens no roteiro. O terceiro artefato é uma declaração de posicionamento que você usará para descrever o produto para os usuários. A Amazon escreve um comunicado de imprensa antes de construir o produto. Pode ser apenas uma lista de itens, mas ela explica por que esse recurso está sendo construído. Ele inclui algumas métricas para medir o sucesso do recurso. O último artefato é o plano detalhado do projeto, os passos que os engenheiros dizem que precisam dar para que o produto seja construído.

COMO ESSES ARTEFATOS SE ENCAIXAM COM OS MOVIMENTOS ENXUTOS E AGÉIS E OUTROS DESENVOLVIMENTOS QUE PARECEM OCORRER NOS CÍRCULOS DE PRODUTO?

Uma boa ideia é atualizar constantemente suas táticas e o modo em que você aborda uma solução para o problema. Mas o que falta a essas metodologias é que você tem de estabelecer uma visão, uma estrela do norte, ou um problema principal que está tentando solucionar. Depois você usa um desses métodos para encontrar a solução do problema. Alguns dizem que enxuto e ágil são um caminho a seguir em busca de um problema para desenvolvimento de clientes. Não acredito nisso como um modo de conseguir inovação para produtos ao consumidor. Talvez em um contexto B2B porque você faz isso várias vezes para chegar ao que o cliente empresarial necessita no mercado e àquilo por que ele está disposto a pagar. Mas para os consumidores, você precisa ter mais do que uma visão, algo como: "Não seria ótimo se fosse assim que o mundo funcionasse?".

PODE ME DAR UM EXEMPLO DE COMO OS ARTEFATOS E A VISÃO SE COMBINAM?

Quando estava no Twitter, identificamos um grande problema. As pessoas criavam uma conta no Twitter e nunca voltavam. Elas não entenderam isso. Também tínhamos um problema secundário. Nós mostrávamos aos novos usuários uma lista de usuários sugeridos que tinha cerca de mil pessoas apresentadas aleatoriamente para serem seguidas pelos novos usuários. Isso estava tendo um impacto negativo na rede porque aquelas mil pessoas tinham muitos mais seguidores do que as novas pessoas que se associavam. Todos os outros na rede sentiam que estavam em desvantagem porque eles não eram parte daquele grupo selecionado.

Então, tínhamos esses dois problemas — a rede não estava feliz porque algumas pessoas eram favorecidas e os novos usuários estavam seguindo pessoas aleatórias a quem não conheciam. Então, o primeiro projeto que fizemos foi reconstruir todo o fluxo de um modo que era muito mais controlado pelo usuário, e isso nos permitiu treinar os novos usuários em como usar o Twitter de modo que, com o tempo, ele se tornou um produto muito mais significativo para eles usarem.

Nós pegamos o processo de duas etapas já existente (encontre seus amigos e, depois, veja 20 pessoas aleatórias que sugerimos que você siga) e o transformamos em um processo de três etapas. Primeiro, os usuários percorrem as categorias em um conjunto de tópicos e descobrem quem desejam seguir dentro dessas categorias. Depois, eles encontram os amigos — essa foi a segunda etapa porque achamos que as novas categorias eram mais importantes do que encontrar os amigos. A terceira etapa abria uma gama de possibilidades: "Esquecemos alguém? Você pode fazer uma busca aqui e encontrar pessoas de quem já ouviu no Twitter antes de começar". Essa última etapa de busca era usada por mais de 50% das pessoas que se associavam. Quando terminava e voltava ao Twitter, você já estava seguindo as pessoas, então era mais provável que você estivesse mais bem posicionado.

Tivemos um sucesso surpreendente. Mais pessoas completavam o fluxo, mesmo que agora fossem três etapas em vez de duas. Mais pessoas estavam engajadas um mês depois de passar por esse fluxo, e desapareceram todas aquelas reclamações sobre dar vantagem a pessoas porque elas estavam incluídas nas mil principais.

NESSE EXEMPLO, COMO VOCÊ CONSEGUIU PERCEBER UM PROBLEMA NO PRODUTO PARA ENCONTRAR ESSA SOLUÇÃO ESPECÍFICA?

Eu falei com pessoas sobre o propósito que elas achavam que o Twitter tinha para existir e ouvi coisas coerentes. A maioria das pessoas dizia: "Tenho um monte de amigos ali. É para ouvir seus amigos".

Mas minha crença era que o Twitter existia para mais que isso. Quando perguntamos às pessoas para que o Twitter existia, eu realmente queria que elas dissessem que "é para encontrar bom conteúdo, ou seguir seus amigos, ou encontrar coisas a seu redor". Então, começamos a construir o fluxo e dissemos: "É assim que vamos organizar o fluxo". Mostramos às pessoas simulações e dissemos: "Agora para que você acha que o Twitter existe?" e elas começaram a nos dizer que era para conteúdo, ou amigos, ou achar coisas novas.

Nós lhes demos uma história para contar por meio do próprio produto e, depois, chegamos a um lugar que parecia certo, então nós o lançamos. E funcionou.

PARECE QUE, PARA VOCÊ, O TRABALHO É, MAIS DO QUE QUALQUER OUTRA COISA, SOBRE CONTAR HISTÓRIAS.

Eu sempre fui tagarela, e nunca fiquei tão empolgado com o modo em que um computador funciona quanto fico com o modo em que ele funciona para as pessoas. A engenharia é necessária. Mas não é suficiente. A história está cheia de produtos que podiam ser construídos, e foram, mas não eram os produtos certos para serem usados pelos usuários.

PORQUE O MERCADO NÃO ESTAVA PRONTO?

Não, não é que o mercado não estivesse pronto. É que a equipe do produto não estava lendo corretamente as tendências do momento atual. Uma parte do gerenciamento de produto é entender como dar os passos certos para levar algo à frente. Muitas pessoas não sabem como dividir as coisas em partes distintas antes de passar para a próxima coisa. Quando ouço que o momento estava errado ou que o mercado não estava lá, penso nisso mais como: "Você não descobriu como entregar para o mercado e mundo atuais.

O Google Glass é um bom exemplo. Minha crença sobre o Google Glass é que ele parece certo no longo prazo, mas muito avançado no curto prazo. Se você for medir como ganhar dinheiro no Google Glass em dois anos, você pode não ser bem-sucedido. Se for um plano de cinco anos e eles continuarem repetindo, é uma boa jogada: "Vamos cobrar bastante pelo dispositivo, assim só os superfãs vão comprar agora".

Meu instinto é que algo está lá, isto é poderoso e diferente, e parece do futuro — como um modo em que gostaríamos de trabalhar e que nativamente se sentiria bem e natural. Glass é impressionante. Mas pense nas normas sociais, em todas as mudanças e em todas as outras coisas que precisam acontecer para que ele pareça um comportamento normal, e não como algo que crescerá como um incêndio daqui a um ano. O Google vai vender alguns, e alguns mais, e vai repetir, e o produto ficará melhor. Aí, na versão 3 ou 4, as pessoas estarão dizendo: "Você ainda não tem isso? Você não sabe o que está perdendo".

ESSA HISTÓRIA QUE ACABOU DE CONTAR SOBRE O COMPORTAMENTO, O FUTURO E A ADOÇÃO — É ASSIM QUE VOCÊ GERALMENTE PENSA NAS DECISÕES DE PRODUTO?

Sim. Você pode ver isso no Facebook. Todos os universitários estavam nele, e você podia dizer que algum dia a maioria dos adultos estarão nele. Alguns entraram, e mais alguns e, então, de repente, as pessoas sentiram que estavam perdendo algo se não estivessem lá. Com o Twitter foi o mesmo. Entrei para o Twitter em 2009, e algumas pessoas estão começando a usá-lo agora.

QUAL CONSELHO VOCÊ DARIA A ALGUÉM QUE ESTEJA COMEÇANDO E QUERIA UMA CARREIRA EM GERENCIAMENTO DE PRODUTO?

Meu conselho é ir trabalhar em algo que está crescendo rapidamente para ter escala, onde ainda é suficientemente cedo para que você possa entender as decisões que estão sendo tomadas e como elas estão sendo feitas para se ter escala, mas não tão cedo que você está tentando descobrir por si mesmo se isso funciona. Exemplos disso, hoje, em 2013, seria Pinterest, Dropbox, Airbnb, Square ou Uber. Essas empresas não têm modelos de negócios de sucesso claramente definidos, mas não são tão novas que ainda não tenham o product-market fit.

Nessas empresas, você tem a chance de aprender o que é esse tipo de escala. Você vai tomar decisões que tocarão muitas pessoas. Se você for para empresas que sejam grandes demais, existe uma pequena oportunidade para desenvolvimento de produto e você não verá como as decisões afetam o crescimento e a trajetória do produto. Mas se você for para a empresa cedo demais, você estará tentando construir o produto, em primeiro lugar, e a menos que tenha sucesso nisso, você não aprenderá nenhuma lição sobre criar impulso.

Então vá procurar uma empresa que esteja crescendo muito e aprenda. Depois, você vai passar toda a sua carreira voltando a isso. Eu tive muita sorte na RealNetworks e aprendi ótimas lições. Isso me ajudou a bater na porta do LinkedIn. Escrevi uma carta: "Caros Reid e Eric — Eu fiz o mesmo curso que vocês em Stanford. Passei seis anos em Seattle, enviando o RealPlayer a centenas de milhões de pessoas. Gosto muito do que estão fazendo. Posso ajudar de algum modo?" Aprendi a escalonar, e isso me ajudou a chegar na porta da frente.

3

insights comportamentais

como identificar necessidades e desejos latentes

Joe está ouvindo sem muita atenção a Mary, a diretora de marketing, enquanto ela repassa verbalmente as últimas horas. Os dois estão voltando para o escritório depois de realizar sua primeira sessão de pesquisa. Eles passaram duas horas observando uma instrutora de ioga se preparando para dar aulas. Isso é parte do programa de pesquisa que Joe planejou, porque ele quer entender o ecossistema de saúde e bem-estar. Ao iniciar a pesquisa, o foco dele estava no monitoramento pessoal e na gestão pessoal, e ele pensou que a instrutora de ioga iria lhes falar sobre como monitorar os efeitos do ioga sobre o corpo. Em vez disso, eles aprenderam quase exclusivamente sobre saúde mental. Eles observaram a instrutora ajudar um participante durante uma crise de pânico antes do início da aula, e o tema da conversa entre os participantes da aula foi sobre como minimizar a ansiedade e cultivar o bem-estar mental. As coisas não saíram exatamente como ele esperava. Joe ficou perplexo.

No Capítulo 2, você aprendeu que o *product-market fit* é sobre amplas tendências de comunidade e forças de mercado. Neste capítulo, vamos nos concentrar nos insights comportamentais, que se referem aos comportamentos dos indivíduos. Isso significa aumentar o zoom. Em vez de analisar como as grandes empresas estão mudando e por que grandes mudanças de mercado estão acontecendo, ou pensar sobre comunidades inteiras de usuários, os insights comportamentais examinam como uma pessoa interage (ou quer interagir) com o seu produto para atingir seus objetivos e aspirações.

Imagine essa interação como um diálogo, como se seu produto estivesse literalmente tendo uma conversa com uma pessoa. De certa forma, seu produto *realmente* tem essa conversa, mas de forma abstrata. Quando alguém usa um produto, ela responde ao conjunto de design de interface, estética e história do produto. A resposta dela é interagir mais com o produto e assim acontece uma interação cíclica, que vai e volta. O espaço em que essa conversa abstrata acontece é o comportamento humano.

Obter insight comportamental é surpreendentemente simples. Você precisa passar algum tempo com as pessoas que vão usar o seu produto e observá-las fazendo o que estiverem fazendo. Seu objetivo é *entendê-las* e *empatizar com elas*. Você pode fazer isso absorvendo e interpretando sinais, mas ao contrário dos sinais do mercado que são amplos e compartilhados, esses sinais são locais, delimitados e específicos.

COMO OBSERVAR O COMPORTAMENTO HUMANO

Muitas vezes, a parte mais difícil de descobrir coisas sobre as pessoas é determinar quais pessoas devem ser observadas. Nosso personagem fictício, Joe, vai lançar um produto de estilo de vida para monitorar informações de saúde pessoal. Ele poderia literalmente ficar por perto de qualquer pessoa e descobrir algo útil. Mas como ele pode otimizar seu bem mais escasso, o tempo, de modo a descobrir o máximo com o mínimo de pessoas.

A chave é a segmentação, mas o segmento que Joe está procurando não se baseia em demografia nem naqueles divertidos gráficos psicológicos de marketing. Em vez disso, ele vai escolher participantes potenciais com base em sua capacidade de observar comportamento real. De certo modo, ele está menos interessado nas próprias pessoas do que naquilo que elas fazem, e essa deve também ser a sua lente. Observar o comportamento humano em tempo real é a chave para chegar a uma inovação de produto que estimule o engajamento. Isso é diferente de observar ou ouvir a respeito do comportamento humano em retrospecto, em geral ou de modo hipotético. Você não vai realizar entrevistas nem coordenar grupos de discussão, que tendem a discutir o que as pessoas poderiam fazer, deveriam fazer ou fariam normalmente. Em vez disso, você vai observar o que as pessoas *realmente* fazem.

Para determinar qual comportamento observar, construa um perfil que relacione suas *suposições sobre o comportamento existente*. Descreva essas coisas no espaço de seu produto:

- O que você acha que as pessoas estão fazendo?
- Por que você acha isso?
- Onde você acha que as pessoas o fazem?
- Com que frequência você acha que elas fazem isso?
- Quando você acha que elas fazem isso?

Vamos experimentar da perspectiva de Joe. (Ver Tabela 3-1.)

Tabela 3-1

Perfil do comportamento existente das pessoas criado por Joe

O que você acha que as pessoas fazem atualmente?	Acho que as pessoas fazem muitos exercícios e monitoram seus progressos de modo metódico, em uma agenda ou diário.
Por que você acha isso?	Vi alguém escrevendo algo em uma agenda, uma vez, na academia que frequento.
Onde você acha que as pessoas o fazem?	Acho que as pessoas fazem esse monitoramento na academia ou em uma aula estruturada como ioga ou Pilates.
Com que frequência você acha que elas fazem isso?	Acho que as pessoas se exercitam duas ou três vezes por semana e registram seu progresso a cada vez.
Quando você acha que elas fazem isso?	Acho que elas fazem exercícios no intervalo do almoço ou depois do trabalho.

Reconheça, de início, que as suas respostas às perguntas do perfil provavelmente estão erradas. É irrelevante estar certo ou errado porque você agora tem um perfil comportamental contra o qual pode começar a planejar um programa de pesquisa e tem um lugar em que começar. Em vez de apenas observar qualquer pessoa, você pode observar alguém muito específico: alguém se exercitando em um estúdio de ioga no intervalo do almoço ou depois do trabalho. Quando você for falar com essa pessoa, pode ficar surpreso ao descobrir que não existem aulas de ioga na hora do almoço ou, como Joe descobriu, que as pessoas não registram nada durante os exercícios. Mas tudo bem. Esse é um ponto de partida para você começar a monitorar sinais de comportamento.

COMO BUSCAR SINAIS NAS PESSOAS

A pesquisa comportamental visa identificar insights e acontece em um contexto específico. O contexto pode ser físico, geográfico ou conceitual. Por exemplo, você pode querer saber como o trabalho é feito em uma empresa específica a fim de otimizar um processo ou fluxo de trabalho. Ou você pode querer saber como uma cultura diferente se envolve com um avanço tecnológico específico, como o uso de celular nos países em desenvolvimento. Seu objetivo de pesquisa pode ser entender ou pode ser empatizar, e os dois não são similares.

COMO CONSEGUIR EMPATIA E COMPREENSÃO

Compreender refere-se a conseguir conhecimento. Você pode não conhecer um contexto específico — digamos, microfinanças na África do Sul — porque nunca a experimentou em sua vida diária. Se você nunca leu a respeito, não a utilizou nem a discutiu, não há razão para pensar que você pode criar um design para apoiá-la, então o papel da pesquisa comportamental neste caso é conhecer. Quando o objetivo é conhecer, o resultado da pesquisa será formado, normalmente, por afirmações factuais: É assim que o sistema funciona hoje. *Essas são as pessoas que compõem o sistema. Esses são as ferramentas e artefatos que estão sendo usados.* Essas afirmações factuais podem identificar oportunidades de *design — esses são os pontos em que o design pode ajudar* — e essas oportunidades muitas vezes são chamadas de "metas ao alcance da mão" do design.

Empatia tem a ver com desenvolver sentimentos. O objetivo é sentir como é ser outra pessoa. Esse objetivo é meio estranho porque é inalcançável. Para sentir o que outra pessoa sente, você teria de realmente se transformar nessa pessoa. Você pode se aproximar dos sentimentos dela, então a pesquisa de produto que pretende construir empatia refere-se realmente a tentar sentir o que as outras pessoas sentem. Supondo que você não seja atualmente uma mulher de 85 anos, considere por um segundo *como é* ser uma mulher de 85 anos. Essa *consideração* ainda é analítica; ela é sobre entender. Você precisa chegar mais perto para experimentar as mesmas emoções que uma mulher de 85 anos experimenta e, assim, precisa se colocar nos tipos de situações que ela encontra.

Como é dirigir, considerando as várias mudanças físicas pelas quais o corpo humano passa quando envelhece? Você pode representar, como um ator, e isso o levaria mais perto de sentir o que uma motorista idosa poderia experimentar. Você poderia realmente andar de carro com uma mulher de 85 anos e isso o levaria mais perto de sentir o que ela sente. Você poderia chegar até a piorar a sua visão (digamos, usando óculos embaçados com vaselina) e usar roupas bem pesadas (para simular dificuldade de locomoção) para ficar mais parecido com uma mulher de 85 anos, e isso o levaria mais perto de construir empatia. Quanto mais exercícios como esse você fizer, mais perto pode se aproximar dos sentimentos dela, deixando temporariamente sua própria perspectiva de lado para assumir a dela.

Quando você é idoso, como é ler o jornal? Como é usar e-mail? Como é ir ao médico? Você pode responder a essas perguntas ao se aproximar do comportamento real dos idosos ao ler o jornal ou usar e-mail ou ir ao médico. O resultado será difícil de explicar a outras pessoas porque sentimentos são pessoais e complicados. Embora você possa escrever requisitos detalhados e opinar sobre o uso de coisas que entende, é especialmente difícil falar aos outros sobre as coisas que você sente.

A divisão aqui entre entendimento e empatia é abertamente redutiva, feita apenas para ilustrar as distinções. Na verdade, a maior parte da pesquisa de produto tem a ver com entender e empatizar ao mesmo tempo e, no contexto da aprendizagem, a experiência contribui para ambos. Quando procura sinais no comportamento, você está procurando o que as pessoas fazem e como elas se sentem.

COMO REUNIR SINAIS COMPORTAMENTAIS

O processo de coleta desses tipos de sinais comportamentais é surpreendentemente simples. Você precisa estar no lugar em que o comportamento realmente acontece. Você precisa observar o comportamento acontecendo. E precisa falar com as pessoas que estão exibindo esse comportamento. *Isso é tudo que se tem de fazer.* Não existe pesquisa nem grupo de discussão preparado. Você simplesmente tem uma conversa com alguém enquanto ele faz algum tipo de atividade ou alguma ação.

Uma conversa com um estranho pode ser um pouco, bem, estranha. Existem modos de minimizar a estranheza social, e eu os descreverei adiante, e você descobrirá que a maioria das pessoas gosta de falar sobre o que fazem e sentem o dia inteiro porque normalmente ninguém pergunta isso. Seu interesse em observar os detalhes do comportamento delas faz brilhar um ponto na vida delas e faz com que se sintam especiais.

As etapas a seguir explicam como coletar sinais comportamentais observando as pessoas fazerem algo e falando com elas enquanto elas agem.

Estabeleça e articule um foco.

Antes de ir para o contexto comportamental, estabeleça um foco. Um foco é uma descrição sucinta do escopo de sua pesquisa comportamental. Seu foco pode ser aprender sobre o modo em que as pessoas usam os serviços bancários e pensam a respeito deles, observar o modo em que os pedidos são feitos em uma determinada empresa ou ver como as famílias se comportam no cinema. Seu foco o ajudará a identificar o contexto apropriado para sua pesquisa. Ele o ajudará a construir o perfil comportamental descrito antes para que você possa escolher as pessoas a visitar. E isso o ajudará a dirigir a conversa durante a sessão de pesquisa.

Prepare uma série de perguntas, mas tente não usá-las.

Desenvolva um conjunto de dez perguntas amplas e abertas que esclareçam o seu foco. As perguntas devem questionar ações, fluxo de trabalho e processos, não estatísticas ou opiniões. Se possível, essas perguntas devem evocar um comportamento. Veja as tabelas 3-2 e 3-3 para exemplos de perguntas boas e ruins.

Tabela 3-2

Boas perguntas para esclarecer o foco

BOAS PERGUNTAS:	ESTA É UMA BOA PERGUNTA PORQUE:
Pode me mostrar como você usa o software para processar esse pedido?	A pergunta provoca uma ação e dirige a conversa para a realidade em vez de abordar situações hipotéticas.
Qual é sua parte menos preferida de comprar nesta loja? Você pode me mostrar por que não gosta disso?	As pessoas normalmente conseguem descrever sentimentos negativos, e o participante pode recriar o problema.
Você se lembra de alguma vez em que seu carro tenha quebrado? Pode me mostrar a peça que quebrou?	As pessoas frequentemente se lembram de situações ruins específicas. O participante pode usar o carro como um apoio para recriar uma história com ação.

Tabela 3-3

Perguntas ruins para esclarecer o foco (*continuação*)

PERGUNTAS RUINS:	ESTA É UMA PERGUNTA RUIM PORQUE:
Você gosta deste produto?	Não é relevante para uma busca específica de sinais comportamentais e não inicia uma conversa; é fácil responder sim ou não e não dar nenhum detalhe adicional.
Quais são os três recursos que você mais usa? Quanto tempo você gasta para usá-los?	As pessoas têm dificuldade em monitorar seus padrões de uso e também em estimar a frequência dos eventos. Além disso, essa pergunta é fácil de evitar sem fazer nada; ela não leva o usuário a uma ação.
Se projetarmos algo para consertar esse problema, você o compraria?	Simplesmente, não dá para acreditar no comportamento hipotético de compra, pois o comportamento real de compra depende de muitos fatores interconectados (preço, estética, momento oportuno, etc.). Esse tipo de conjectura não se aproxima da observação do comportamento.

Essa lista de perguntas têm vários objetivos. Em primeiro lugar, ela o obriga a representar mentalmente como a pesquisa vai se desenvolver e lhe dá uma chance de formar uma representação mental do comportamento que vai observar. A seguir, ela o ajuda a fazer esse tipo de perguntas naturalmente quando você vir oportunidades durante sua sessão de pesquisa. Finalmente, ela lhe dá um plano alternativo se o participante simplesmente não agir espontaneamente. Você sempre pode transformar sua pesquisa em uma entrevista, simplesmente fazendo perguntas e ouvindo respostas. Isso não é o ideal, mas é melhor do que desperdiçar tempo e recursos.

Coloque-se no contexto e registre tudo.

É crucial fazer a pesquisa comportamental no ambiente real em que o comportamento normalmente ocorre. Você pode ficar tentado a levar os participantes a um local neutro, como um escritório ou uma cafeteria, e pedir que eles façam um resumo retrospectivo de uma determinada atividade. Mas você não quer uma retrospectiva e realmente não quer um resumo. Você quer uma visão rica, coesa, detalhada e real da vida pessoal ou trabalho do indivíduo. Isso significa que você precisará abrir um caminho para esse contexto especial, o que pode ser um desafio. Você não pode simplesmente aparecer na torre de controle de tráfico aéreo e esperar que o deixem ficar ali o dia inteiro. Em vez disso, a pesquisa contextual exige agendamento e contatos antes da visita. Ela também exige um nível de respeito, em especial quando você entra na casa ou no trabalho de outra pessoa, e um respeito especial pelo espaço pessoal.

Quando você estiver no contexto, capte a experiência. Peça permissão para gravar ao participante e, depois, use um gravador de áudio para capturar o que foi dito. Tire fotos. Faça um vídeo. Tente capturar o máximo de artefatos possível, de modo a poder sintetizar os dados posteriormente.

Peça para ver exemplos.

Quando um participante mencionar um produto, processo, fluxo de trabalho, software ou qualquer outro substantivo ou verbo, peça para ver um exemplo. Isso firma a conversa na ação. Em vez de falar sobre software, peça para ver o participante usá-lo. Em vez de ouvir a respeito de algum processo que ela tem de realizar todos os dias, peça para que ela o demonstre. Dizer simplesmente "Posso ver um exemplo?" pode ajudá-lo muito a obter insight e clareza.

Peça para experimentar.

Quando você estiver observando uma situação nova, peça para experimentar. Por exemplo, se estiver observando um açougueiro preparar carne, pergunte se você pode fazer alguns cortes. Se estiver observando um professor universitário dando nota a trabalhos, pergunte se você pode dar notas a alguns. Você não perde nada se a pessoa disser não. Mas se ele disser sim, você estará se aproximando da empatia ao obter experiência valiosa e terá convertido o participante em um professor. Um bom professor ajudará você a aprender.

Observe os extremos.

Tente observar comportamentos que estejam nos extremos ou que sejam altamente únicos. Para isso pode ser necessário observar seis ou sete pessoas diferentes e tentar recrutar tipos extremamente diferentes de participantes em diversos contextos. Procure fracassos ou eventos que não deram certo. Tente encontrar anomalias ou pessoas atípicas, que tenham visões ou atitudes extraordinárias. Essas anomalias apresentam estruturas novas e provocadoras e podem ser úteis para ajudar você a ver o mundo de uma nova maneira.

COMO APRENDER COM SINAIS DE USO DE PRODUTO

Se você já tem um produto, pode reunir sinais de como as pessoas o usam. Você pode fazer isso especificamente — observando uma só pessoa usando o seu produto — ou em conjunto, para saber como toda a população de usuários está interagindo com ele.

Você pode aprender sobre padrões amplos de uso de produto ao examinar dados analíticos. Esses dados são gerados por diversos eventos separados (as pessoas clicam ali ou pressionam aquele botão quando encontram aquela tela) ou por um fluxo de eventos em sequência (depois de encontrar isso, as pessoas normalmente vão para lá). Esse tipo de dados é interessante porque enfatiza as oportunidades para mudança. Ele pode, por exemplo, chamar atenção para uma parte de uma sequência em que muitas pessoas mudam de ideia. Ou pode lhe mostrar que um determinado botão tem probabilidade muito maior de ser clicado do que um outro botão.

Porém, o que esse tipo de dados agregados *não* lhe mostra é *por quê*. Você vai saber se algo está tendo ou não um bom desempenho, mas terá de inferir a causalidade entre os padrões de comportamento que observa e as decisões de produto específicas.

Você pode complementar essa visão ampla de uso de produto com uma avaliação de dados muito específica, um a um, a fim de identificar o *motivo*. Uma das maneiras mais simples de entender isso é realizar um teste formal de usabilidade de pensar em voz alta, com uma tarefa estruturada ao redor do padrão amplo que você observou. Neste estilo de teste de usabilidade, pede-se a um usuário que trabalhe para alcançar um objetivo enquanto pensa em voz alta. Isso significa que ele verbaliza o que está fazendo enquanto age; o facilitador não o interrompe nem, como é o caso em outras técnicas de avaliação, faz perguntas sobre seus sentimentos. Em vez disso, o facilitador só está ali para lembrar o usuário de continuar falando.

Isso ajuda o facilitador a entender por que o usuário está fazendo o que ele faz enquanto toma decisões. Se observar um padrão estranho de uso nos dados do produto e, depois, formalizar um teste de usabilidade ao redor do padrão de uso, você conseguirá entender por que uma pessoa está tomando várias decisões. Seu teste de usabilidade com pequena amostra não terá significância estatística, mas o ajudará a interpretar melhor o padrão de larga escala que está observando. Ele lhe dará um conjunto sólido de sinais do uso de produto.

Os métodos para descobrir sinais no comportamento que discuti têm algo em comum. Eles exigem que você interaja diretamente com as pessoas que vão usar o seu produto. Você não pode se esconder por trás de uma pesquisa on-line e querer sentir empatia pelas pessoas. Você precisa passar algum tempo com elas, rir com elas, experimentar seus altos e baixos e conhecê-las. Esses métodos podem ser intimidantes, mas não deveriam ser. Acho que a intimidação vem da estranheza que esses métodos provocam. Nossos trabalhos normalmente nos mantêm diante de telas de computador, abstraindo o resto do mundo em um conjunto de dados sem rosto. Este processo o obriga a sair do escritório e ir para a vida real, que é caótica, texturizada e empolgante. Felizmente, à medida que a intimidação da pesquisa contextual desaparece você pode encontrar prazer no ato de aprender como outras pessoas vivem suas vidas.

CONTEXTOS PARA SINTETIZAR INSIGHTS COMPORTAMENTAIS

Acabou o espaço na parede de Joe. Ele riu sozinho. Com base na experiência dele, esse é um bom problema.

Toda a superfície está coberta de citações. A equipe transcreveu a pesquisa, usando as palavras dos participantes, e Joe mostrou a eles como explodir a pesquisa em cartões de declarações individuais. Agora, os 12 participantes da pesquisa não são mais reconhecíveis porque estão mesclados em um mar de dados de pesquisa. Existem grandes categorias de comentários na parede, e cada categoria está etiquetada. Uma declaração gigante, toda em maiúsculas, diz: "AS PESSOAS PRECISAM ENTENDER SUAS EMOÇÕES COM O TEMPO; DÊ A ELAS UM MODO DE VISUALIZAR O

EMOCIONAL". Outra diz: "SAÚDE É A HISTÓRIA QUE SE DESDOBRA NO TEMPO. AJUDE AS PESSOAS A CONTAR SUA HISTÓRIA".

Todos os membros da equipe estão ali, olhando para tudo. Joe tem a sensação de que eles estão literalmente marinando no trabalho que produziram. Reina o silêncio. E ele não o perturba.

Anteriormente, você leu sobre observar o mundo que o rodeia, no nível coletivo do mercado e no nível local do indivíduo. Observar o mundo ao seu redor é o modo mais rápido de coletar sinais sobre o comportamento das pessoas. Mas a observação só lhe dá uma parte da história: ela mostra o que as pessoas fizeram, mas não por que elas fizeram isso. Essas observações lhe dão muitos dados, mas falta profundidade contextual a esses dados e, assim, elas não chegam a lhe dar informações nem conhecimento. Ela ainda não responde à questão mais difícil: "O que eu devo construir? Você pode obter a profundidade contextual necessária para responder a esta questão por meio de interpretação rigorosa.

INTERPRETAR PARA IDENTIFICAR NECESSIDADES

A interpretação vai ajudá-lo a identificar necessidades ou áreas em que as pessoas estejam carentes de produtos ou serviços. Isso identifica muito claramente o que deveria ser criado a fim de satisfazer a necessidade. Por exemplo, se você observar as pessoas usando o metrô, verá algumas falhas no processo de compra do bilhete que poderiam ser minimizadas pelo design. Os turistas podem não entender o processo e por isso gastam muito tempo na bilheteria. Isso lhe diz que o processo é difícil demais para quem o usa pela primeira vez. As pessoas podem equilibrar a bolsa, o celular e a carteira. Isso lhe diz que a bilheteria precisa de uma superfície em que as pessoas possam apoiar objetos. Existe pouca inferência entre suas observações e suas interpretações, então você pode pensar nelas como sendo interpretações seguras. Em outras palavras, a observação identifica o problema e também a solução. Como a lacuna entre o problema e a solução é pequena, o risco da inovação também é pequeno.

INTERPRETAR PARA IDENTIFICAR INSIGHTS

A interpretação também vai identificar insights, que são afirmações provocativas da verdade sobre as pessoas e que falam de suas escolhas de estilo de vida, aspirações e desejos. Por exemplo, se observar pessoas usando o metrô, você verá algumas pessoas trabalhando em seus laptops e outras pessoas lendo livros ou jornais. Você pode interpretar esse comportamento de diversas maneiras. Você pode adivinhar que as pessoas querem ser deixadas em paz. Os limites do espaço público e do privado são confusos nesses lugares apertados e, assim, itens artificiais como livros ou fones de ouvido criam paredes artificiais para delinear o espaço. Ou você poderia adivinhar que as pessoas estão celebrando o foco que alcançaram. Os limites do espaço as obrigam a serem mais produtivas. As duas interpretações fazem sentido, e cada uma delas o levará numa direção diferente, mas existe muita inferência entre suas observações e essas interpretações. Sua observação não identifica nem um problema nem uma solução, então as inovações que se basearem nessas interpretações serão mais arriscadas.

Transcreva, externalize e construa a parede de síntese do produto.

Uma parede de síntese de produto é uma ferramenta valiosa para ajudá-lo a "levar a pesquisa para fora" — para fora de sua cabeça e também do seu laptop. Seu objetivo é produzir uma representação externa, tátil, colaborativa e muito visual de toda a pesquisa. Existe um motivo simples pelo qual a externalização dos dados é importante. Quando você armazena coisas no seu computador, você acaba organizando os dados de um modo que faz sentido para aqueles que projetaram o software que você usa. Você vai colocar coisas em arquivos e pastas e, como resultado, vai produzir uma organização de dados muito hierárquica e analítica. Você também vai perder a capacidade de entender a pesquisa em sua amplitude e se verá limitado em sua capacidade de formar conexões entre os dados.

Esse é o objetivo preliminar da parede de síntese: descobrir conexões ocultas entre afirmações ou ações individuais e ver anomalias ou extremos em um grande volume de dados. A parede o obriga a ver os dados de uma nova forma e a questionar seu entendimento preconcebido de hierarquia, relacionamentos e causalidade.

Jon Freach, diretor de pesquisa de design na Frog Design, me deu três razões pelas quais a externalização dos dados é crucial para inovações bem-sucedidas: "Em primeiro lugar, o aspecto físico de uma sala exclusiva dá à equipe do projeto um espaço comum para trabalhar em conjunto. Em segundo lugar, a sala diz à organização 'este é um trabalho importante' e, por meio de sua estrutura, transmite uma narrativa em evolução sobre o que a equipe está aprendendo e fazendo. A qualquer momento, as partes interessadas podem 'ler a sala' e sair informadas ou inspiradas. A terceira função, e talvez a mais útil, de uma sala repleta com dados externalizados é que ela possibilita a comparação forçada das informações e faz com que aconteça o diálogo na equipe — duas ferramentas cruciais e muitas vezes subestimadas entre os recursos de um designer, ambas essenciais ao ato de achar sentido".

Os dados básicos para sua parede de síntese virão da pesquisa comportamental — da pesquisa em que você observou as pessoas fazerem coisas, como trabalhar ou se divertir. Comece transcrevendo inteiramente cada uma dessas sessões de pesquisa. Isso é extremamente entediante. Você ficará tentado a pedir para seu estagiário fazer isso. Resista à tentação. Arme-se de coragem e faça isso você mesmo porque a transcrição é *uma parte extraordinariamente importante desse processo de aprendizagem*. Conforme você digita, palavra por palavra, o que ouviu e viu, você se verá revivendo a experiência e chegando a um tipo de meta-análise daquilo que cada pessoa disse. Você se verá constantemente perguntando por quê. Por que eles disseram isso e o que realmente queriam dizer? Provavelmente você vai demorar quatro vezes mais para transcrever uma sessão do que demorou na hora de fazer a pesquisa, pois você terá de voltar e pausar a gravação constantemente. Mas, lentamente, você terá uma transcrição literal da pesquisa, capturando os sinais que percebeu das várias pessoas com quem falou. Você também vai, literalmente, ouvir as vozes dos participantes na sua mente, e será mais capaz de responder às ideias de design a partir da perspectiva deles, como se estivesse canalizando as opiniões deles. Mais importante ainda, você terá integrado os conteúdos da entrevista em sua visão de mundo e pensará sobre o espaço do problema de outra forma. O processo de transcrição, e o processo de síntese posterior, são o modo em que você encontrará sentido nos dados.

A transcrição é uma representação linear de um participante da pesquisa. Mas a fim de entremear os resultados de todos os participantes, você precisará explodir a pesquisa em uma forma modular, não linear. Deste modo, você pode mover cada citação ou afirmação de modo independente e começar a encontrar padrões e anomalias.

COMO EXPLODIR A PESQUISA PARA UMA FORMA NÃO LINEAR

Aqui está um modo muito efetivo e *geek* de passar de uma transcrição escrita padrão para notas individuais de 7 × 11 cm que podem ser movimentadas, em que cada nota é uma citação de um dos participantes da pesquisa:

1. Copie toda a transcrição de um participante e cole-a em uma planilha. Cada parágrafo vai se tornar uma célula da planilha. Cada célula é uma afirmação.
2. Adicione uma coluna na planilha com as iniciais do participante (por exemplo, JK) e uma outra coluna com um identificador único (1, 2, 3 ...). Isso o ajudará a identificar o momento exato na pesquisa, quando a pesquisa não estiver mais em forma linear.
3. Abra uma ferramenta como o Microsoft Word e encontre a funcionalidade de mesclar correspondências ou etiquetas de correspondências — a capacidade de mesclar sua planilha em uma série de etiquetas. Adicione os vários blocos de conteúdos à etiqueta: a afirmação, as iniciais do participante e o identificador único. Complete a mesclagem, e você terminará com uma forma da transcrição pronta para imprimir, com oito afirmações por página.
4. Imprima as notas mescladas e corte as páginas para deixar uma nota individual para cada afirmação.
5. Coloque cada nota na parece usando alfinetes ou fita adesiva. Você efetivamente tornou a pesquisa não linear porque pode trocar livremente as notas de lugar. Repita essa atividade com todos os participantes da pesquisa e você terá vários milhares de notas únicas na parede. Esse é um bom dia de trabalho e, nesse ponto, você deve fazer um intervalo.

Identifique padrões e anomalias.

Agora você pode começar a encontrar padrões entre os dados. Leia cada nota e, com um marcador de texto, indique as coisas que você achar interessantes. Não existe necessidade de racionalizar o que é interessante nem de tentar criar critérios ao redor disso, e é perfeitamente aceitável que "interessante" seja subjetivo e inconsistente. Você pode destacar coisas que considere surpreendente ou coisas com um impacto particular, emocional, financeiro ou logístico. Seu quadro de referência foi refinado pelos sinais de mercado que você tem observado, então seu cérebro já tem um filtro para escolher coisas interessantes para destacar. Em outras palavras, não existe resposta errada e existem muitas certas.

Conforme você se move pelas notas e destaca as coisas que chamam a sua atenção, movimente as notas fisicamente para colocar as semelhantes próximas umas das outras. Essa similaridade vai se expandir *entre* os participantes da entrevista e, com o tempo, você vai perder a compreensão de cada participante da pesquisa em particular. Conforme as notas começam a se mesclar, você descobrirá padrões que unem os participantes da pesquisa. Dê um nome a esses padrões conforme eles surjam. Escreva um nome em um Post-it colorido que represente a *intenção comportamental* do agrupamento. Evite nomes que sejam funcionais ou abertamente abstratos, como "Fluxo de trabalho" ou "Governança". Em vez disso, os nomes devem ser adivinhações ricas sobre cultura, comportamento e normas como "Parece haver processos extraordinariamente ineficientes usados por todos os stakeholders" ou "Existem formas em que os participantes estão ferindo emocionalmente a si mesmos".

Joe voltou da pesquisa no estúdio de ioga e agrupou estas citações:

Eu estou muito tenso o tempo todo. A ioga me ajuda a relaxar ... Não é apenas a ioga, na verdade, são os meus amigos aqui."

"Normalmente eu não como deste jeito, mas você me pegou em uma noite em que não tenho nada na geladeira pra cozinhar e tive um dia horrível no escritório. Não me julgue, ok? [risos]"

"Quando chego em casa, não sobrou nada. Este sou eu, sentado na varanda, bebendo uísque. É tudo que eu tenho."

"Tentei ir à academia de tarde [solta os pesos, toma um gole de uma garrafinha]. Mas nunca tinha muita energia sobrando, e estava sempre tão irritado com o trabalho que simplesmente deixei de lado. E aí, eu me senti mal por ter faltado, e me senti pior... foi um ciclo terrível. De manhã é melhor."

Joe agrupou essas citações porque todas pareciam negativas — todas descreviam uma sensação ruim. No fim do dia, ele estava achando que os participantes tinham chegado em um espaço mental ruim. Eles não disseram nada sobre seus trabalhos, mas todos trabalhavam, e ele chamou o grupo de:

"Pessoas que parecem preocupadas com seus empregos estressantes, mas não parecem fazer nada para consertar suas situações."

Conforme mergulhar nos dados, você naturalmente começará a ter ideias de produtos. Escreva-as (use uma cor específica de Post-it para registrar essas ideias), mas tente não gastar tempo demais concentrado na geração de ideias. As ideias são interessantes, mas nesse estágio, seu objetivo é desenvolver e extrair insights sobre o comportamento. Essencialmente, você está tentando descobrir por que as pessoas fazem as coisas que fazem.

Esse processo, normalmente leva uma ou mais semanas. Para oito a dez participantes de pesquisa, planeje gastar 20 ou 30 horas com os dados. O processo não precisa acontecer de uma vez, então você precisa de um lugar tranquilo com muito espaço de parede para conduzir essa atividade.

Visualize o comportamento no decorrer do tempo.

Ao se dedicar mais tempo aos dados, você vai começar a ver os detalhes surgirem, descrevendo as experiências e atividades que você viu, bem como experiências mais amplas que as pessoas descreveram. Essas estruturas normalmente se relacionam com fluxo de trabalho ou escolhas de estilo de vida, e o tempo de duração dessas atividades pode levar segundos (enquanto a pessoa tenta atingir um objetivo) ou pode se referir a fases da vida ou da carreira de alguém.

Conforme você se tornar consciente dos acontecimentos que ocorrem no decorrer do tempo, desenhe-os. Crie um diagrama simples em um quadro branco ou em uma grande folha de papel que mostre o fluxo de dados, emoções e decisões no decorrer do tempo. Use círculos para indicar estágios e linhas com flechas para mostrar a conexão entre os estágios. Esses diagramas não são abrangentes, e não há uma sintaxe formal a ser usada ao fazê-los. Seu objetivo é simplesmente representar o comportamento baseado no tempo que você vir nos dados que coletou.

Faça afirmações observacionais sucintas.

Armado com seus agrupamentos de afirmações e suas visualizações baseadas no tempo, você pode começar o processo de extração de insights fazendo afirmações sucintas sobre as coisas que observou.

Lembre-se da afirmação observacional de Joe extraída da pesquisa dele:

> *"Pessoas que parecem preocupadas com seus empregos estressantes, mas não parecem fazer nada para consertar suas situações."*

Primeiro, note que a afirmação faz uma ampla generalização sobre as pessoas com quem ele falou, mas não faz nenhuma tentativa de qualificar a afirmação como tendenciosa. Neste ponto, está tudo bem em ser tendencioso; na verdade, o viés é desejado porque ele implica uma profundidade refletida de interpretação. Ao interpretar, você atribui significado aos dados. Essa atribuição é um processo subjetivo. Ao mesmo tempo, não perca de vista o seu objetivo. Você está tentando provocar algo novo, não prever como um pequeno conjunto de dados mapeia uma população mais ampla. Isso não é um exercício de estatística.

A seguir, note que a afirmação é uma observação, não uma solução. Joe não ofereceu ainda um modo de ajudar as pessoas, nem julgou os conteúdos. Ele simplesmente fez uma afirmação.

Finalmente, observe como a afirmação está sutilmente relacionada com comportamento e tempo. Ela indica um estado mental (*estar preocupado*), bem como uma cadeia causal que se alonga no tempo (*estar preocupado poderia levar a resolver a preocupação*).

Essa afirmação observacional é uma afirmação de ponte no caminho até um insight. Crie uma afirmação observacional sobre cada grupo de afirmações que você identificou. Você deve terminar com cerca de oito a dez afirmações observacionais.

Extraia *insights*.

Agora, você pode usar as afirmações observacionais extrair insights. No contexto do design e da inovação, um insight é uma afirmação provocativa da verdade sobre o comportamento humano. Cada afirmação é *apresentada* como um fato, mas cada uma delas é, *na verdade*, uma inferência. Cada afirmação pode estar factualmente errada, assim, usar os insights introduz o risco no seu processo, mas esse risco tem sua recompensa. Os insights são a fonte da inovação: os insights são de ouro. Quando você acerta com um insight, você acessa alguns fatores motivacionais humanos muito poderosos para ajudar as pessoas a mudarem seu comportamento e conseguirá integrar esses motivadores em seus produtos.

É fácil passar de uma série de sinais para um insight. Comece com suas afirmações observacionais. Essas afirmações são verdadeiras, pelo menos para as pessoas que você observou e os dados que coletou, mas são consideradas verdadeiras para uma população mais ampla. Essas afirmações tornam-se a base sobre a qual os insights são formados.

Agora, pergunte-se: "Por quê?" Quando você responder à pergunta, estará fazendo uma inferência. Você atribuiu significado aos dados que reuniu. Sua inferência pode estar errada porque é uma adivinhação.

Joe fez essa afirmação observacional:

"Pessoas que parecem preocupadas com seus empregos estressantes, mas não parecem fazer nada para consertar suas situações."

Quando Joe responder à pergunta "Por quê?", ele poderia chegar a qualquer uma das seguintes inferências:

- As pessoas estão presas em um estilo de vida que coloca demandas muito estressantes sobre suas vidas diárias. Elas têm obrigações financeiras que tornam impossível que saiam dos empregos.

- As pessoas não estão, na verdade, sobrecarregadas pelo *stress*. Mesmo que estejam preocupadas com isso, na verdade, isso não está afetando sua vida de um modo significativo.
- As pessoas geralmente percebem o stress em seu trabalho, mas não percebem especificamente o stress em um momento ou dia determinados. Elas sentem o fardo emocional cumulativo do stress só depois de ser tarde demais para fazer qualquer coisa a respeito.

Cada uma dessas inferências é plausível, porém cada uma delas também pode estar inteiramente errada. Mas cada uma delas é afirmada como se fosse uma verdade universal. Alguns pontos de dados foram generalizados a fim de fazer uma afirmação ampla do motivo de as pessoas fazerem as coisas que fazem. Joe — e você — vão prosseguir *como se você tivesse identificado uma relação causal, muito embora isso obviamente não tenha acontecido.*

Cada afirmação assume um tom impositivo, mesmo que cada afirmação não seja um argumento indutivo válido. Essas são afirmações de insight. Esse tom impositivo torna possível usar o insight como um ponto de partida para identificar as restrições do produto. Os insights referem-se ao comportamento humano, pois descrevem intenções, ações, emoções e outros aspectos da motivação. Os insights são provocativos porque atuam como um guardião lógico: com base em uma afirmação de insight, outras coisas devem seguir-se logicamente.

Joe escolheu a última afirmação:

- As pessoas geralmente percebem o stress em seu trabalho, mas não percebem especificamente o stress em um momento ou dia determinados. Elas sentem o fardo emocional cumulativo do stress só depois de ser tarde demais para fazer qualquer coisa a respeito.

Agora, ele pode usar a afirmação declarativa para identificar uma restrição de produto. Uma restrição de produto define os limites que ditam o que o produto ou serviço deve fazer, como deve se comportar e qual sensação deve causar.

- As pessoas geralmente percebem o stress em seu trabalho, mas não percebem especificamente o stress em um momento ou dia determinados. Elas sentem o fardo emocional cumulativo do stress só depois de ser tarde demais para fazer qualquer coisa a respeito. **Deve haver um modo de as pessoas verem as mudanças cotidianas em seu nível de stress, para que possam ajustar constantemente seu comportamento de um modo contínuo.**

Esta é uma restrição do produto e, em um nível muito alto, ela diz a Joe o que construir. Os insights fazem o trabalho por você. Projetar um produto desejável não é apenas ter uma boa ideia. Tem a ver com fazer observações perspicazes sobre o comportamento atual e transformar esse comportamento em um mais desejável.

Reflita nesse processo por um segundo. Ele começa com fatos locais, observações que são verdadeiras individualmente com base em um pequeno conjunto de dados. A seguir, ele agrupa essas observações e, simultaneamente, faz saltos inferenciais e suposições sobre os fatos a fim de fazer afirmações de comportamento mais globais. Cada salto está um passo mais distante de algo de que temos certeza e, assim, cada salto é arriscado. Esse é o risco da inovação: ele exige que alguém faça suposições sobre o comportamento humano e, não só faça essas suposições, mas siga a partir delas. Quanto maior o salto, maior a probabilidade de que esteja errado, mas com um grande salto vem uma inovação mais inesperada, uma ideia mais dissonante, diferenciada e única.

Você também notará que, ao passar da interpretação inicial para o insight, Joe introduziu novos conhecimentos e suposições. Esses acréscimos vieram de Joe, e também virão de você. Isso reconhece o papel da experiência. Quanto mais coisas você vivenciou, mais ampla será sua paleta de conhecimento extra, e mais você pode seguir com as interpretações e refiná-las a fim de chegar a insights específicos e úteis.

Uma afirmação de insight deve ser simples, porque isso é simples. Se você ler uma afirmação de insight sem ter acompanhado o caminho percorrido para chegar até ela, você vai coçar a cabeça e pensar "Mas o que é isso?" Mas você não pode chegar a um insight sem abrir seu caminho pela complexidade do comportamento, conexões, padrões e pessoas. A parede de síntese é complexa. Ela é difícil. E o trabalho será duro, tedioso e demorado. Mas os resultados que aparecerão do outro lado da síntese são as verdades elegantes da inovação, embasadas em sua humanidade e belas em sua simplicidade.

Comunique os resultados.

Por algumas razões, você pode querer comunicar seu entendimento e empatia com outra pessoa. Você pode ser parte de uma equipe, e sua meta é criar alinhamento nas descobertas. Você pode ser um consultor, e sua meta é criar uma mudança de rota para o seu cliente. Ou você pode estar procurando emprego e quer mostrar que você está, de fato, qualificado para impulsionar uma nova visão do produto. Você pode querer comunicar *as coisas que aconteceram ou o que você viu realmente*.

Normalmente, isso é feito em uma planilha ou em pontos em um slide, mas a melhor forma é por meio de imagens com citações de pessoas reais. Isso fornece tanto o contexto de uma ação ou atividade quanto uma visão da intenção. O que as pessoas dizem e o que as pessoas fazem dão pistas *do que as pessoas querem fazer e de como elas desejam ser*. Como não é prático comunicar tudo que você viu — isso demoraria demais — você deve escolher "isso" ou "aquilo" e explicar suas escolhas. Se você passou duas horas em campo, você viu duas horas de dados. Por que você escolheu cinco imagens para exibir? Havia algo particularmente interessante nelas? Elas fornecem evidências de ineficiência? Evidências de uma norma cultural que você deseja destacar?

Você também pode querer comunicas *coisas que sentiu*. Essas emoções são difíceis, mas não impossíveis, de descrever. Apenas a descrição não será o suficiente para fazer com que os outros membros da equipe sintam o que você sentiu. *Eu fiquei triste* não capta o tipo de tristeza e não é forte o bastante para que a equipe compartilhe os seus sentimentos. Normalmente, as emoções são transmitidas com mais facilidade em algum tipo de meio baseado em tempo porque isso fornece ao público uma base e um ponto de comparação. O meio pode ser um clip de vídeo, uma tirinha em quadrinhos, uma linha de tempo ou algum outro modo de mostrar uma narrativa com base no tempo.

Talvez você queira comunicar *suas interpretações do que aconteceu e suas interpretações de como você se sentiu*. Isto é a atribuição de significado aos dados. É a sua reflexão do motivo *por que as coisas aconteceram*. Quando interpreta, você começa a combinar os dados de novas formas; acessar fontes externas de dados; e comparar, contrastar e julgar os dados que reuniu. Normalmente, essa interpretação requer alguma forma de diagramação visual — um mapa ou um gráfico — para ilustrar essas conexões forçadas e provocativas.

Ou, talvez você queira comunicar *as implicações de suas interpretações sobre o que aconteceu e como você se sentiu*. As implicações atuam como restrições de design e apontam para novas ideias de design. Descobri que é mais útil ilustrar essas implicações por meio de croquis, como se dissesse: "Esta é a tradução dos dados, coletados no campo, *em um material que leve a uma atividade de design*". Mesmo que você seja um pesquisador de produtos e não um designer, isso ainda está no domínio de responsabilidade de sua função. As pessoas normalmente ignoram um conjunto de slides com uma sequência de itens. Um croqui terá uma probabilidade muito maior de ser usado porque oferece uma visão incompleta do futuro. A pessoa que vê pode participar completando a história em sua cabeça.

Neste capítulo, você aprendeu como construir empatia com um público e como extrair insights significativos em um mar de dados de comportamento. Esta etapa no processo é um modo em que uma abordagem ao gerenciamento de produto guiada pelo design difere de uma abordagem de engenharia ou de marketing; esses insights são as grandes pedras sobre as quais sua visão do produto será construída. O processo parece natural porque *é* natural. As pessoas, e não a tecnologia, estão na raiz de produtos emocionalmente atraentes. Esse processo baseia-se em falar com pessoas e conhecê-las e combina psicologia e antropologia para revelar desejos e necessidades latentes. Depois de completar esta etapa, você estará pronto para construir a estratégia do seu produto. No próximo capítulo, vou lhe mostrar como fazer isso.

UMA ENTREVISTA COM GARY CHOU SOBRE O ESPÍRITO E A ALMA DO DESENVOLVIMENTO DE PRODUTO

Gary Chou é um homem divertido que mora no Brooklyn, em Nova York. Mais recentemente, Chou trabalhou na Union Square Ventures, uma empresa de capital de risco sediada na cidade de Nova York, na qual ele criou e gerenciou a Union Square Ventures Network uma empresa de portfólio. Antes de ir para a Union Square

Ventures em 2010, ele assumiu funções ligadas a produto em empresas de tecnologia e em *startups*.

Atualmente, ele ensina design empresarial na School of Visual Arts, no programa de MFA em Interaction Design, e é conselheiro no Austin Center for Design, que existe para transformar a sociedade por meio do design e da educação de design; e Venture for America, que busca revitalizar as cidades e comunidades norte-americanas por meio do empreendedorismo.

Em seu trabalho com criadores isolados, Chou produziu *Surrogate Valentine* (SXSW 2011) e *Daylight Savings* (SXSW 2012), dois filmes de Dave Boyle. Ele colabora frequentemente com o músico Goh Nakamura em projetos relacionados à web.

Chou apoiou mais do que projetos na KickStarter; ele é um ministro ordenado pela Universal Life Church (Igreja da vida universal). Atualmente, ele está trabalhando no que fará a seguir.

GARY, ME CONTE SOBRE SUAS EXPERIÊNCIAS EM GERENCIAMENTO DE PRODUTO.

Eu entrei para o gerenciamento de produto nos primeiros dias da internet e no início do estouro das empresas "ponto com". Essa era uma época em que não se entendia bem como fazer software baseado na web, como produzir coisas, como aproveitar a web. A maioria dos modos em que as coisas eram produzidas seguia um modelo de software embalado porque isso era tudo que conhecíamos. Mas comecei a trabalhar em uma empresa de software corporativo chamada Trilogy; ela estava lançando várias subsidiárias "ponto com", uma das quais iria vender grandes equipamentos via web. Minha função era tentar definir o que fazíamos, tentando ajudar a tomar decisões com base em restrições; foi, na verdade, gerenciamento de produto, mesmo que eu não soubesse como chamá-lo na época. Foi um caso perdido. Éramos uma pequena equipe, quatro ou cinco pessoas, e a empresa fracassou depois de dois anos.

Voltei para a Trilogy, onde trabalhei em um produto que, na verdade, não foi lançado. Então, mudei para a Califórnia, onde me dediquei, durante alguns anos, a trabalhar em minhas próprias ideias. Essas ideias se concentravam em como aproveitar a web para promover a coletividade. Durante essa época, eu não sabia que o que estava fazendo também era gerenciamento de produto: eu estava saindo, tentando entender uma comunidade de pessoas e tentando ver como a tecnologia podia ser usada para servi-las. Eu estava concentrado na comunidade de arte na área da Baía de São Francisco. Isso foi antes de a web ser social, antes de Friendster e MySpace existirem. Eu estava sempre interessado em entender as pessoas e como a tecnologia poderia ser aplicada ali; isso é o cerne do que um gerente de produto faz.

Só depois de ir para uma *startup* chamada Tribe.net como gerente de produto é que todas essas coisas começaram a fazer sentido. Eu tive a sorte de trabalhar com Chris Law, que conheci na Trilogy e que gerenciava o grupo. Também trabalhei com uma outra pessoa da Trilogy, chamado Elliot Loh, que era um gerente de produto e designer na Tribe. Foi aí que as coisas começaram a se formalizar para mim. Chris tinha uma ótima experiência em produtos, já tinha trabalhado na Microsoft antes e tinha um modo de gerenciar os processos e as pessoas por liberações; ele tinha uma certa disciplina. Elliot trouxe um senso de design fantástico, como desenvolver uma linguagem para os tipos de coisas que queríamos fazer. Isso foi uma escola muito mais sofisticada sobre como fazer coisas. Fiquei na Tribe por aproximadamente dois anos e meio. O fio condutor que parece existir na minha carreira, em certa medida, é que eu tendo a trabalhar em empresas que fecham. Quando você está indo mal, é quando os processos mais importam, suas suposições estão sendo desafiadas, você tem de criar soluções melhores e tem de descobrir o que funciona e o que não funciona.

Isso é benéfico. Quando você assume uma função, e tudo está indo para cima e para a direita, e tudo está funcionando, você nunca sabe realmente *por que* tudo está funcionando. Aprendi muito sobre o motivo de as coisas não funcionarem quando estava na Tribe. Foi um momento ótimo para aprender as bases do gerenciamento de produto. No final das contas, a Cisco comprou os ativos da Tribe e contratou também a equipe. Eu fui para a Cisco por volta de 2006.

Na Cisco, tive um vislumbre de como é trabalhar em uma empresa grande. Quando se trabalha em uma empresa tão grande, você tem acesso a listas de e-mail, a todas as notícias e ao que está acontecendo na empresa como um todo. Quando penso sobre o trabalho de produto que fiz em uma ampla diversidade de circunstâncias, esse foi um ponto muito frustrante na minha vida. Isso porque, como alguém que faz coisas, você quer que as coisas funcionem. Quando as coisas não funcionam e você não entende por quê, isso pode ser paralisador e frustrante. Eu tive sorte porque, no auge da minha frustração, fiz contato com uma empresa de capital de risco em Nova York, chamada Union Square Ventures. Era uma empresa pequena, com um portfólio em crescimento e reconhecia que os sócios — eram três na época — não podiam dar conta das demandas do portfólio sozinhos.

Eles reconheciam que precisavam da ajuda de alguém que tivesse vivido nesse mundo e que tivesse lidado com uma boa parcela de dor. Eles me contrataram, e eu me mudei de São Francisco para Nova York. A melhor parte disso tudo foi que tive espaço para refletir em todos aqueles anos de frustração no trabalho com produto. Eu estava rodeado por pessoas ótimas. Os sócios da empresa são alguns dos melhores pensadores a respeito da internet e de *networks*, que têm sido minha área de concentração.

Em uma empresa de capital de risco, você não faz garantia de qualidade, suporte, nem engenharia de nada; você investe dinheiro nas coisas. Simplesmente estar fora da função de ter de fazer alguma coisa libertou meu cérebro para processar todas as coisas que eu tinha feito antes. Eu estava em um portfólio de empresas fantásticas que eram bem-sucedidas, muito mais bem-sucedidas do que qualquer coisa em que eu tinha trabalhado. Isso me colocou no lugar perfeito para observar o que estava funcionando e para ver por que estava funcionando. Até esse momento, eu tinha assumido uma atitude nada sofisticada diante do gerenciamento de produto. Quando tomávamos muitas de nossas decisões de design na Tribe, isso acontecia através de uma lente funcional. Mas quando você está construindo redes sociais, você está basicamente tentando planejar para pessoas que são fundamentalmente irracionais e que têm sentimentos.

Esse foi meu caminho, de uma perspectiva de produto. Trabalhei nas trincheiras em muitos lugares malsucedidos e, depois, passei para um campo muito diferente — risco — em que pude refletir sobre tudo isso.

CONSIDERANDO ESSA REFLEXÃO, QUAL É SUA DEFINIÇÃO ATUAL DE GERENCIAMENTO DE PRODUTO?

Eu me pergunto se gerenciamento de produto não é só um rótulo que inventamos porque não temos um modo melhor de descrever isso. Ele significa coisas diferentes em lugares diferentes. Em alguns casos, as pessoas esperam que o coordenador de produto dirija o barco e assuma a visão ou o roteiro. E existem muitos outros casos em que essa visão é assumida pelos fundadores. Existem outras situações em que todos querem dirigir a visão e, se não estiverem todos de acordo, existe muito conflito.

O gerenciamento de produto é a arte de manter tudo se movendo em conjunto. É uma prática que confirma que uma empresa ou organização ou grupo de pessoas está fazendo progressos. Se não estiverem, existe algo no modo como os recursos são abordados, ou na priorização, ou em seus processos de trabalho que não estão funcionando apropriadamente. Geralmente cabe ao gerenciamento de produto descobrir por que algo está ineficiente e garantir que isso não aconteça. Então, gosto de pensar no gerenciamento de produto como uma força dentro de uma organização que as pessoas se revezam na posição. Varia muito o local de onde vem a visão.

É uma função orientada para a execução. Mas não sei se são táticas e habilidades; acho que é etiqueta e cultura. Todos temos exemplos em nossos círculos sociais de pessoas que são ótimas com grupos. Elas ficam à vontade gerenciando os relacionamentos de um grupo complexo de pessoas e conseguem o respeito de um grupo heterogêneo de pessoas. Elas conseguem fazer com que as pessoas trabalhem juntas. Não consigo pensar em um exemplo de um grande gerente de produto que seja uma figura polarizadora ou alguém egocêntrico. Como um gerente de produto, você está encarregado de algo, mas não tem controle. Ninguém se reporta a você. Então, você pode reagir a isso de algumas maneiras. Você pode fechar os punhos e dizer: "Preciso de mais controle", mas não é realmente assim que se lidera. Existe muito mais que tem de acontecer, principalmente em uma organização complexa, que parece estar constantemente movendo-se adiante. A pessoa que dirige o barco não está necessariamente fazendo com que ele vá para a frente. É assim que eu vejo a função. Eu acho difícil pensar em um manual com a lista de táticas que são efetivas porque grande parte disso depende da personalidade de cada um.

É INTERESSANTE PENSAR EM UMA FUNÇÃO QUE SEJA PRINCIPALMENTE DEFINIDA POR TIPO DE PERSONALIDADE. ISSO TRAZ A PERGUNTA: O QUE FAZ REALMENTE UM GERENTE DE PRODUTO?

Há dois anos eu teria respondido essa pergunta de um modo muito diferente. Quando entrei para a Union Square Ventures, examinei as empresas do portfólio e comecei a investigar como elas tomavam decisões de produto, quais eram seus processos e, de modo geral, como faziam os produtos. Cada empresa fazia de um jeito. Na minha cabeça, eu tive uma reação muito ingênua. Eu pensei: "Bom, você está agindo errado, e você está agindo errado, e você está agindo errado..." Eu fui muito crítico por causa das minhas experiências e pensei: "Meus dez anos de experiência têm de servir para alguma coisa, não é?" A verdade é que isso tudo realmente não importava.

O que importava para essas empresas não é que elas fizessem as coisas do jeito que eu gosto de fazer as coisas, mas que cada uma delas encontrou uma forma de ser eficaz, um processo que combinou com a personalidade dos fundadores e com a cultura da empresa, e elas conseguiram fazer progressos reais. Então, passei a julgar um processo com base em elas estarem ou não fazendo progressos. O processo que funciona para uma empresa pode ser inteiramente improdutivo em outra empresa.

Existem alguns traços comuns entre os gerentes de produto. A ideia de controle sai pela janela. Quanto mais um gerente de produto tentar controlar a situação, menos sucesso ele terá. Outro traço é a capacidade de fazer boas perguntas. Se puder fazer boas perguntas, você poderá desafiar as coisas porque está pensando profundamente sobre o problema que está tentando resolver, não porque está carismaticamente tentando afirmar seu ponto de vista sobre a equipe e o mundo.

Esses tipos de coisas permitem que alguém seja eficaz.

VOCÊ MENCIONOU TRAÇOS, E PARECE QUE ALGUNS TRAÇOS DE CARÁTER OU PERSONALIDADE SÃO SEMELHANTES ENTRE OS GERENTES DE PRODUTO. VOCÊ PODE RELACIONAR OU DESCREVER QUAIS SÃO ELES?

É mais complexo do que isso. Muitas empresas no início de suas atividades não têm uma forte liderança de produto porque, às vezes essas funções estão incluídas no que os fundadores estão fazendo. Você poderia ter fundadores muito orientados para o produto que gerenciariam o processo. Você poderia ter um coordenador de engenharia que dominasse todo o processo de gerenciar o lançamento de um produto e ele poderia assumir também essa função. Isso é parte do motivo de eu ter recuado para essa ideia de tentar entender os traços em vez de funções, pois a estrutura dessas organizações não parece nem um pouco a mesma.

As pessoas que terminam na função de produto estão mais próximas do problema que estão tentando resolver. No caso de muitas das empresas da Union Square Venture, as coisas que inventaram não são mercadorias. Eles não podem escrever um documento de requisitos do produto como "Este é o produto que nós queremos, aqui está o mercado, esta é nossa estratégia de lançamento". Esses fundadores intuíram muito o que os levou a essa coisa incrível. É meio como ser um cientista e jogar com alguns agentes livres. Então, é algo como: "Uau, tenho uma reação agora; isso parece que vai dar algum resultado. E veja, três semanas, ainda está indo bem e, depois, três meses depois, ainda está bem forte".

VOCÊ ESTÁ PENSANDO EM ALGUM EXEMPLO ESPECÍFICO QUANDO DIZ ISSO?

Estou pensando em como a Union Square Ventures investe em redes. Foi assim com Tumblr, Kickstarter, Etsy e Twitter. Esses produtos são uma função de decisões diretas tomadas pelos fundadores, e também do público. Os usuários entraram e participam tanto do produto quanto as pessoas que o criaram. O Twitter é o melhor exemplo disso. A resposta-@, o retweet e a hashtag não foram inventados pelos criadores. Esses foram comportamentos emergentes, e a comunidade inventou essas convenções. Só depois de eles terem se difundido é que a empresa os transformou em produtos. Existe um relacionamento que você precisa estabelecer. Você é o pastor disso tudo, mas não é o engenheiro. Os fundadores são pastores. Provavelmente, alguns princípios os guiaram para fazer as coisas que fazem, mas eles realmente também não sabem qual a direção que tudo está tomando. Eles são os mais próximos de entender algo que não podem articular bem e que não é funcionalmente orientado. Os fundadores não são funcionais nem racionais. Se você está encarregado do produto, esse produto tem de estar baseado em princípios nos quais você acredita. Talvez você tenha uma discussão sobre os princípios, mas você precisa ter um senso de quais são eles, de quais você deve seguir.

O Tumblr não é uma plataforma de blogs. É um espaço pessoal para auto expressão. Ele só se parece com aquilo que eu e você *chamamos* de plataforma de blogs porque esse é o modelo dominante pelo qual nós nos expressamos na web e em funções sociais. Se olhar para ele de uma perspectiva funcional, eu teria comentários e seguidores. Mas quando David Karp criou o Tumblr, ele não queria que as pessoas se sentissem mal. Se estiver desenvolvendo um lugar positivo para autoexpressão, você não vai querer que as pessoas se sintam mal.

Se começar um blog, e só tiver um ou dois seguidores, por que você ia querer anunciar isso publicamente? Vai parecer que você não tem amigos. Mas você pode ter uma ótima experiência no Tumblr se tiver poucos amigos porque você não é exposto. No caso dos comentários, como vemos no YouTube, existe um reservatório de ódio, racismo e todo tipo de negatividade. As pessoas escrevem bobagens na sua página. Então, se eu quiser dizer algo negativo sobre você no Tumblr, tenho de republicar toda a sua postagem e adicionar meu comentário desagradável, e aí ele só será lido pelos meus seguidores, não pelos seus. Dois ou três anos atrás, eu teria olhado para toda essa complexidade e dito que era um sistema complicado demais, enrolado e nada prático que tinha sido mal planejado e mal executado. Agora eu vejo que essas decisões são, na verdade, muito elegantes e estão enraizadas em como você quer que as pessoas se sintam. Minha mentalidade anterior era "nenhuma tabela de banco de dados deixada para trás". Você tem um campo no banco de dados, então você tem de construir um recurso ao redor dele, do contrário gatinhos vão morrer. [risos] Eu pensava de um modo muito funcional a respeito de desenvolver um sistema social. Mas isso realmente deveria vir do sentimento.

Isso nos leva de volta para a cultura. Digamos que eu fosse iluminado o bastante para ver isso em 2004. Eu não poderia ter deslanchado como um gerente de produto porque uma parte muito grande da cultura da costa oeste do Estados Unidos era orientada para a engenharia. Isso é o que torna essa região conhecida. O modelo de pensamento dominante em um sistema social era uma lente orientada para a funcionalidade. E Karp, do Tumblr, não é um gerente de produto; ele é o fundador da empresa. Ele é capaz de sustentar isso nos princípios fundamentais da organização. Se você não puder ver o mundo dessa forma, terá muita dificuldade para trabalhar nessa empresa.

Compare o Tumblr ao WordPress, que é o que a maioria das pessoas usa para comparar o Tumblr porque elas acham que é uma plataforma de blogs. O WordPress é uma plataforma de blogs. A sutileza está na experiência do desenvolvedor. É aqui que entra o produto. Os métodos pelos quais você usa os plug-ins ou os temas ou contribui com uma correção no WordPress são todos muito bem pensados. A comunidade no WordPress está do lado do desenvolvedor, não do lado do público. No Tumblr, a rede está no público. Se você fizer uma análise da causa primeira do motivo de ser assim é porque o Matt Mullenweg está muito ligado à comunidade de desenvolvedores que construiu o WordPress. Foi por isso que o produto evoluiu desse jeito. Mas Karp estava focado em diferentes comunidades, e foi por isso que essa invenção evoluiu desse modo. Mullenweg é tão pastor daquela comunidade quanto o Karp da comunidade dele. Essa palavra, *pastor*, é como eu descreveria o papel do gerenciamento de produto, que pode estar em qualquer parte da organização e também tem implicações com base no local em que se situa.

AS PALAVRAS QUE VOCÊ ESTÁ USANDO SÃO EMOTIVO, CONFUSO E SUBJETIVO. VOCÊ PODE COMPARAR SUAS EXPERIÊNCIAS RECENTES, QUE POSICIONARAM SEU PENSAMENTO NESSE MODO MAIS QUALITATIVO, COM SUAS EXPERIÊNCIAS NA CISCO, UMA EMPRESA GRANDE E CONSERVADORA?

É difícil dizer. Não posso generalizar e dizer: "Como trabalhei na Cisco, o gerenciamento de produto em uma empresa grande é deste jeito". Eu me lembro de uma história sobre como produtos bem-

-sucedidos vêm de qualquer pessoa na equipe que saiba o que você está fazendo e por que faz isso. Você poderia perguntar a um engenheiro qualquer como o recurso se encaixa na história mais ampla.

ESSA HISTÓRIA NÃO É DA NASA? VOCÊ PODERIA PERGUNTAR PARA O ZELADOR, E ELE DIRIA: "ESTAMOS PONDO UM HOMEM NA LUA".

Sim, é isso mesmo. Isso fica exponencialmente mais difícil quando você rodeia a equipe com mais pessoas. É por isso que uma *startup* com duas ou três pessoas pode abrir caminho ao redor de uma grande empresa; é mais fácil ter todo mundo entendendo da mesma forma. Todos, em todos os dias, estão tomando decisões que afetam sutilmente a direção em que você está indo e, no caso da Cisco, o desafio era ter uma equipe e essa equipe ter outra equipe a seu redor, e isso ficava dentro de uma unidade de negócios que era influenciada por outras unidades de negócios; havia tantas forças em ação que era muito difícil manter o foco. Todos tinham dificuldade para saber o que estavam fazendo e por que faziam aquilo.

Nesse modelo, existe muito pouco espaço para ter sucesso acidental. Tudo tem de ser pensado e executado racionalmente porque é isso que é feito em grandes hierarquias. Essa é a maneira industrializada de fazer as coisas. Mas muito do material bom que acontece surge quando as pessoas cometem erros, fazem descobertas e explorações. Um fracasso faz você pensar em algo que talvez antes nunca tivesse pensado. Você precisa de espaço para isso. É isso que as *startups* propiciam; elas permitem que isso aconteça. Em uma grande empresa, existem muitas expectativas. Existem forças externas demais que não permitem que essas coisas aconteçam naturalmente.

A CONVERSA QUE ESTAMOS TENDO SOBRE EMOÇÃO E INTUIÇÃO PARECE ESTAR EM CONFLITO COM UMA CONVERSA SOBRE HIERARQUIAS E RECURSOS.

Isso é altamente específico a um determinado tipo de invenção. Se você estiver fabricando uma televisão, talvez essas coisas não se apliquem. Ou talvez elas se apliquem de um modo diferente. Mas, se você estiver desenvolvendo coisas para seres humanos que são sociais, você tem de pensar sobre o que isso significa. É isso que torna você humano.

CERTO, MAS ESTAMOS FALANDO SOBRE SOFTWARE. ELE É AMORFO. SÃO BITS E BYTES.

Mas estamos falando sobre a *aplicação* do software. Se estiver desenvolvendo software para roteadores e interruptores, você pode fazer suposições que não podem ser feitas quando desenvolver software para os seres humanos. Além disso, se estiver desenvolvendo um software só para mim — como uma lista de coisas a fazer ou algum tipo de utilitário — você pode partir de uma premissa diferente do que poderia se estivesse desenvolvendo um software para conectar duas pessoas.

A parte do software não é a parte em que se concentrar. Esse é um erro constante. Nós supomos que o modo em que se desenvolve software em um caso se aplica em todas as épocas e em todos os setores. Em 1998 e 1999, as pessoas estavam dando palestras em conferências sobre como é importante pensar sobre os usuários. Isso porque, em um site após o outro, em um app após o outro, as experiências eram horríveis. Não estamos mais falando sobre isso porque todos já sabem que os usuários são importantes. Todos sabem que eles têm de ser considerados durante o design.

As pessoas ouviram falar desse campo da usabilidade. Os profissionais que estão desenvolvendo produtos atualmente eram crianças quando os adultos estavam desenvolvendo produtos ruins para eles e sabem que isso era ruim.

Agora, isso evoluiu do fato de saber que os usuários são importantes para a percepção de que "você deve realmente considerar como as pessoas *se sentem*". A Etsy é uma das empresas do portfólio da Union Square Ventures; no último ano, ela fez algo fascinante. Ela se tornou uma empresa com certificação de beneficente. O conceito de uma empresa beneficente é que ela permite que você faça uma mudança em seus estatutos para que você possa considerar não só os acionistas nas decisões que toma, mas também os *stakeholders*. Anteriormente, se você não fizesse essa mudança, e eu fizesse uma grande oferta para comprar a Etsy inteiramente como um diretor, você teria de levar essa oferta em consideração. Se você a rejeitasse com base em argumentos que não fossem relacionados financeiramente, você estaria sujeito potencialmente a um processo judicial.

Essa ideia de que você pode considerar os *stakeholders* vem da crença da Etsy de que o valor de uma rede está ligado ao valor dos indivíduos dentro dessa rede. Seus interesses como empresa estão alinhados com os interesses dos usuários. Essa é uma evolução de 10 ou 15 anos atrás, quando só os usuários eram importantes.

É UMA EVOLUÇÃO, MAS AO MESMO TEMPO, É RARA: NÃO SE OUVE MUITO SOBRE EMPRESAS QUE FAZEM O QUE VOCÊ ACABOU DE DESCREVER. FICO PENSANDO SE É POSSÍVEL ENSINAR ALGUÉM.

Podemos ensinar alguém a se importar? Isso é muito mais uma função de como uma pessoa foi criada. De quais são os valores dela; de quais são as crenças dela. Ouvi com frequência a definição do gerente de produto como "o defensor do usuário". Essa é uma definição comum. Mas ela sugere que existem pessoas que atacam os usuários. É como o Batman. O Batman nem existiria sem os vilões; eles precisam um do outro. É uma visão muito distópica de como deveríamos fazer as coisas. Por que não podemos todos ser iluminados?

Cada vez mais, vejo que a estrutura organizacional tem de se refletir nas pessoas. Essa parece uma afirmação muito simples, mas o que ela significa é que as estruturas não precisam ser todas parecidas. Elas são como flocos de neve.

AS ESTRUTURAS DE GERENCIAMENTO DE PRODUTO SÃO COMO FLOCOS DE NEVE?

Certo.

ISSO TUDO PARECE MUITO DESESTRUTURADO E MUITO INTUITIVO. NÃO PRECISAMOS DE CONTÊINERES NEM REGRAS, E TODOS AGEM DE MODO DIFERENTE. MAS SE NÃO HOUVER TÍTULOS, REGRAS OU DESCRIÇÕES DE CARGO, COMO QUALQUER TRABALHO PODE SER FEITO?

Sua pergunta é basicamente: O que todos fazem todos os dias? Quanto mais corpos você jogar em algo, mais atrito você terá. Quanto mais atrito, de mais coisas você tem de se livrar. Se você quiser estabelecer um serviço na web para servir milhões de pessoas, existem contextos a usar, serviços na nuvem para hospedar seus dados e carregar solicitações de saldo. Você não precisa de uma equipe de cinco pessoas para gerenciar esse processo. Você só precisa de pessoa. Mas, por mais que a tecnologia tenha evoluído, as questões interpessoais não evoluíram. As mesmas questões de RH que existiam há 15 anos, com os fundadores não se dando bem, produto e engenharia não se dando bem, colaboradores juniores não aprendendo rápido o bastante, a organização não se preparando para ensinar aos estagiários; quando você contrata o marketing, como ele se comunica sobre o produto, quando as pessoas nem sabem direito como será; problemas que não são consertados — nada disso mudou em 15 anos. Tudo isso ainda é um problema. As questões das pessoas não mudaram. Isso é que está no cerne do gerenciamento de produto: reduzir o atrito entre as pessoas e garantir que todos se movam na mesma direção.

ENTÃO, O QUE VOCÊ DIRIA A ALGUÉM COM 22 ANOS QUE QUER TRABALHAR COM PRODUTO E QUER DESENVOLVER ALGUMAS HABILIDADES ESPECÍFICAS?

Quando comecei a trabalhar com produto, eu fiquei empolgado com o jeito em que os componentes eram reunidos. Muitos dos meus colegas ficavam empolgados por construir coisas individuais, mas eu ficava empolgado ao ver as peças se encaixando. Existem momentos em que você faz coisas que não tinha previsto. Existiram momentos em que eu tive de verificar o código porque faltava uma parte para um lançamento. Existiram momentos em que eu saí e comprei servidores porque precisávamos que alguém fizesse isso. Você preenche um monte de buracos para o bem da equipe e para que o processo siga adiante.

Alguém de 22 anos devia ir fazer alguma coisa. Essa não era necessariamente uma opção 15 anos atrás. Mas hoje, você pode aprender a escrever código de graça, online. Você pode configurar um serviço de graça online. Você pode comercializar a coisa que você criou para as pessoas de graça online. Você pode até levantar fundos de graça online. Então, você pode ter essa experiência e, em certo ponto, você vai perceber: "Não faço esta parte tão bem quanto outras pessoas e vou encontrar um jeito de me juntar a elas". Se der certo, ótimo, você tem um negócio. Se fracassar, você tem uma boa experiência e histórias para contar e isso torna você muito atraente para as equipes que precisem de pessoas como você.

ENTÃO, É UM PACOTE EDUCACIONAL DE BAIXO PARA CIMA: EXPERIMENTE SE ENCARREGAR DE TUDO E VEJA O QUE ACONTECE.

Mas existe uma nuance. Você é curioso o bastante? A curiosidade vai fazer você enxergar os buracos em sua equipe e vai levá-lo ao próximo insight. É este "*e se?*" ou "*o que mostram os dados?*" Quando eu estava na Tribe, uma administradora de banco de dados basicamente me deu as chaves do reino. Ela criou uma versão em tempo real, replicando o banco de dados de produção, em parte porque eu estava estragando muitos dos nossos sistemas existentes. Então, ela me deu o meu próprio banco de dados, e eu pude escrever todos os códigos que queria para ele, criar protótipos de recursos usando dados em tempo real e também fazer minha própria pesquisa. Essa curiosidade guiou minha capacidade de criar argumentos e fazer as pessoas verificarem uma nova ideia. Passamos muito tempo hoje falando sobre como um gerente de produto apoia a equipe, mas a outra metade da situação é que você quer alguém que tenha talento e motivação para ser curioso sobre aquilo que você está construindo. Isso também é muito importante.

E O MERCADO? COMO ESSA CURIOSIDADE SE ESTENDE PARA FORA DA EMPRESA, PARA O MERCADO POTENCIAL PARA AQUILO QUE VOCÊ ESTÁ CRIANDO?

Parte do que me tornou um gerente de produto medíocre foi que eu não vinha de nenhuma das comunidades para as quais eu estava criando coisas. É engraçado: o que teria me tornado um gerente de produto melhor e mais eficaz teria sido participar mais ativamente na comunidade para a qual eu estava desenvolvendo algo. Eu estava afastado demais das pessoas para quem eu estava criando. Quando isso acontece, você faz suposições com base em estereótipos, e elas são muito influenciadas por retórica e modismos. Você não tem algo realmente inspirado pelas pessoas para quem você está desenvolvendo o produto. Você tem de encontrar maneiras de conhecer o mercado. Se ficar fechado o dia inteiro, você não vai chegar a lugar algum. Você pode chamar isso de pesquisa, ou do que quiser, mas se estiver tentando desenvolver software para outras pessoas, você precisa fazer de tudo para descobrir como é a vida delas e o que as motiva. Vai ser uma coisa completamente irracional.

No momento em que você tenta incluir isso em um contexto racional, isso fracassa porque as pessoas não pensam desse jeito. Principalmente no caso de assuntos sociais. As emoções não são construtos racionais. Se você ficar fechado o dia inteiro, tudo o que vai desenvolver será uma estrutura racional de como o mundo funciona, e ele não vai funcionar desse jeito.

Quando eu estava na Tribe, havia uma empresa concorrente em Seoul, na Coreia, chamada Cyworld. Uma em quatro pessoas estava na plataforma deles; e eu não conseguia entender. Como ela podia ter uma penetração tão alta em 2004? O produto era estranho: era uma casa virtual ou um apartamento virtual, e você trocava e dava mercadorias virtuais para as pessoas. Se você fosse meu amigo e tivesse um exame para fazer e estivesse trabalhando duro, eu podia lhe dar um presente na forma de um sofá virtual. Se tivesse passado um tempo em Seoul, você entenderia: é comum que muitas pessoas vivam em espaços pequenos. Nesse caso, é perfeitamente natural que as aspirações de uma pessoa assumam a forma de um vocabulário de espaço, de um daqueles lofts ao estilo de Nova York e de lugares em que você possa personalizar o espaço e os objetos como uma forma de expressão pessoal.

Eu só entendi *isso* depois que entendi o Tumblr. É a autoexpressão por meio da mídia que nós compartilhamos, enquanto eu só estava pensando sobre identidade e autoexpressão com uma lente limitada.

Você teria de ir até Seoul para entender isso, ver que as pessoas estavam fazendo essas coisas e deixar de lado as suposições que você tinha para seus próprios produtos. É realmente difícil fazer isso quando está desenvolvendo um material. Quando está desenvolvendo um material, você fica tão concentrado mentalmente e focado naquilo que você não enxerga o que o rodeia.

Devemos incentivar as pessoas a explorar aquilo sobre que são curiosos, mesmo que eles nem saibam que nome dar a isso. A internet é tão transformadora que está resultando na criação de novos tipos de objetos. Esses novos tipos de objetos às vezes são parecidos com coisas mais antigas, que já vimos antes, mas às vezes são totalmente novos. Só porque não temos um nome para eles não significa que não sejam válidos. Um motor de busca, for exemplo. Volte 20 anos no tempo: o que é um motor de busca?

MAS A TENTAÇÃO, ASSIM QUE VOCÊ VÊ QUE O OBJETO EXISTE, É CRIAR UMA PLANILHA COM TODOS OS RECURSOS DO OBJETO, VER UMA BRECHA NO MERCADO E, ANALITICAMENTE, ABRIR SEU CAMINHO PARA ESSE ESPAÇO.

Quando nos defrontamos com coisas que são novas, tentamos caracterizá-las com o vocabulário que temos. Esse é um modo de tentar entendê-las. O melhor modo de entender um motor de busca é tentar desenvolver um motor de busca. Ao fazer isso, você confronta nuances e outras coisas e aí você pode dizer: "Eu preciso tomar uma decisão de design aqui. Tenho de decidir se vou mostrar 10 resultados ou apenas um resultado. Tenho de decidir se posso mostrar coisas que são totalmente novas ou que têm duas horas". Todas essas considerações entram em jogo. Esse é o melhor caminho: construir as coisas com as quais você mesmo está curioso. Porque mesmo que fracasse, você terá aprendido alguma coisa sobre o processo que o levará à próxima coisa que você vai fazer, e à próxima e à próxima. Você faz isso por alguns ciclos, e aí você tem algo que ninguém viu antes; eles não podem descrever e talvez nem você possa.

Esse é o luxo de estar vivo neste momento no tempo. Isso não era uma possibilidade há 20 ou 30 anos.

NÃO ERA POSSÍVEL TECNICAMENTE E TAMBÉM NÃO ERA CULTURALMENTE PORQUE DECISÕES BASEADAS EM EMOÇÕES ERAM COISAS DA CONTRACULTURA. ISSO NÃO ERA RESPEITADO.

Se você estivesse montando uma banda há 20 ou 30 anos, você podia tomar algumas decisões conscientes sobre em qual gênero ela se encaixaria. Esse era o modo de comunicar quem você era e fazer com que as pessoas se interessassem por você. Mas hoje, a música não tem gênero. Ela é uma combinação de muitas influências. Essas não são decisões conscientes. Ninguém acorda e diz: "Vou criar uma banda que seja 30% funk cubano, 20% clássica ..." Você está comprometido com a coisa que faz.

ESSE É UM MODO EXTRAORDINARIAMENTE ARTÍSTICO DE PENSAR SOBRE GERENCIAMENTO E CRIAÇÃO DE PRODUTO.

Nunca fui mais otimista em relação a um diploma MFA (Master of Fine Arts) do que sou agora, por causa do que já vi no mercado sobre aceleradoras e incubadoras que estão tentando fabricar um resultado. Isso não se aplica só a empresas, mas vale também para instituições educacionais. As pessoas entendem que uma grande mudança está acontecendo e tentam se reorientar, tentam se encaixar em um processo. Mas isso supõe que o que está acontecendo é um processo racional, e não é esse o caso.

4

estratégia do produto

como esboçar um *playbook* do valor emocional

Joe está de bom humor. A equipe chegou a uma ótima visão do produto, e ele tem uma lista de restrições de *design* e uma pilha de esboços desenhados à mão que apoiam essa lista. A ideia é simples. Os servidores da LiveWell vão enviar mensagens de texto aos usuários no decorrer do dia, perguntando como eles estão se sentindo naquele momento. Eles podem responder por SMS, digitando uma nota simples de 1 a 5. Ao mesmo tempo, o app vai absorver os dados enviados de produtos ligados como a pulseira da Nike ou da Fitbit, atualizações de status do usuário no Facebook e no Twitter, e seus apps de calendário e e-mail. Então, ele vai juntar tudo isso para produzir uma sugestão diária para cada usuário: algo para saber, fazer ou entender a fim de reconciliar o modo como ele se sente durante o dia com o que ele está fazendo naquele dia. É conciso, faz sentido e é apoiado pela pesquisa que a equipe fez. O fato é que Joe está convencido de que há uma grande lacuna no mercado para um app como esse.

Joe também está empolgado porque a empresa está em expansão. Ele vai contratar um *designer* de interação, e o setor de desenvolvimento está pronto para contratar mais um desenvolvedor. O produto está começando a se formalizar em um caminho claro à frente, e é hora de começar a desenvolvê-lo.

Mas existe um pequeno toque de incerteza bem no fundo de sua mente. Joe se lembra de uma experiência que teve no último emprego. O grupo dele tinha tentado lançar um novo produto, e Joe não tinha sido capaz de comunicar a sensação do produto aos desenvolvedores. Eles tinham captado os recursos e as capacidades, mas o produto final não tinha sensibilidade nem alma. O resultado tinha sido visivelmente malsucedido.

COMPREENDENDO ESTRATÉGIA DE DESIGN

Uma "estratégia de design" é um plano de duração prolongada que se concentra no melhor modo de dominar a tecnologia. O *playbook* para sua estratégia de *design* descreve um caminho para perceber a proposição de valor dos seus produtos ou serviços. Em uma empresa, a estratégia de design complementa e se superpõe parcialmente com a estratégia de negócio (o que construir, com base na dinâmica de mercado e nas expectativas de concorrência; qual propriedade intelectual [PI] utilizar; que competências centrais aplicar) e com a estratégia de tecnologia (arquitetura, segurança, plataformas, etc.). É uma lente, como os negócios ou a tecnologia. As três estratégias são realmente uma porque estão inextricavelmente ligadas.

Josh Norman, que já foi o gerente de *design* responsável para a criação de novos negócios na Procter & Gamble, descreve o processo na P&G: "Em uma grande empresa como a P&G, os designers e gerentes de design são baseados em princípios, responsáveis e trabalham estratégica e interdependentemente. Eles têm de pensar sobre hoje, mas também têm de estar conscientes do longo prazo. São intuitivos e empáticos, mas também têm um processo que podem descrever e usar para estimular o alinhamento. Eles "sentem" ativamente as tendências e movimentos e compartilham isso com as equipes e com a gerência como exemplos contextuais que podem influenciar o pensamento e as escolhas de negócios." Para Norman, o design é uma parte fundamental da estratégia de negócios, não algo extrínseco a ela. Ele continuou: "Quando tudo se encaixa, um bom design simplifica a complexidade e se torna mais do que qualquer projeto ou produto individual: ele se torna uma bela síntese que todos em uma organização sentem que já conhecem. O *design* impacta plataformas e linhas de produto, ajuda a definir os requisitos de consumidor e técnicos, cria diretrizes de identidade de marca e linguagens de design e cria estratégias inspiradoras que vão além de um papel ou atribuição. Você sabe que fez um bom trabalho como gerente de design quando outra pessoa recebe um prêmio pelo seu trabalho, apresenta-o para você e o explica melhor do que você explicou."[1]

Muitas startups evitam totalmente a ideia de formalizar uma estratégia, provavelmente porque não têm tempo. Quando elas têm uma estratégia explicitada, muitas vezes ela está enterrada e espalhada em vários documentos como um plano de negócio, um site e um conjunto de documentos do Word. O mais frequente é que ela exista no ar, como palavras ditas entre uns poucos fundadores. Em empresas maiores, a estratégia geralmente é explicitada em níveis executivos e, depois, se dilui em pequenos imperativos estratégicos conforme se espalha pela empresa. No entanto, essa abordagem não funciona no contexto da estratégia de design. Uma estratégia de design tem a ver com *detalhes*, e por isso é crucial mapear a estratégia de um modo abrangente e concreto.

Uma estratégia de design mostra o valor que seus produtos e serviços levarão para as pessoas como uma meta, e os passos amplos que você dará para atingir essa meta. Normalmente, esses passos amplos envolvem tecnologia e, quando isso acontece, o foco de uma estratégia de design é minimizar as junções dessa tecnologia ou os pontos de transição em que as pessoas têm de interagir com a tecnologia. A estratégia de design é uma forma de contar histórias. Essas histórias mostram como a tecnologia desaparece e as pessoas experimentam um futuro positivo.

Imagine que você é um empreendedor social. Sua missão é erradicar a pobreza, e sua visão é um mundo sem desigualdades. Sua estratégia pode ser lançar, nos próximos 12 meses, um novo conjunto de serviços elaborado para tratar as necessidades psicológicas, físicas, sociais e espirituais dos sem-teto. Uma lente de negócios mostra como isso será financeiramente sustentável (infelizmente, a estratégia de negócios da maioria das instituições sem fins lucrativos e ONGs é "conseguir subvenções", o que não é sustentável e exige muito esforço). Uma lente de tecnologia mostra a arquitetura de envio de SMS que você vai usar ou o lançamento de uma nova plataforma na web para os agentes sociais. Uma lente de design enfatiza a narrativa do uso — como os sem-teto vão interagir com os serviços, que tipos de experiências eles vão encontrar, e como o serviço vai evoluir com o tempo. A estratégia de design é um conjunto de histórias que progride enquanto seus produtos e serviços progridem, e ilustra a proposição de valor das ofertas.

Neste caso, a estratégia de design poderia descrever como a nova plataforma de aprendizagem entre pares vai capacitar um sem-teto a ganhar autoestima, como um novo sistema integrado de currículos trará benefícios aos que estão entrando novamente na força de trabalho, e como um novo sistema baseado em SMS pode informar um sem-teto sobre opções de abrigo para a noite e comunicar os resultados aos agentes sociais. A estratégia de design descreve um caminho até o fim do jogo, enfatizando o valor para as pessoas.

Uma estratégia de design deveria, como qualquer outra estratégia, ser formalizada em um artefato. Dito de outro modo, se você não escrever, existe pouca chance de que alguém vá lembrar disso, acreditar nisso ou agir com base nisso. E, porque a estratégia se refere a um estado futuro, é útil incluir meios com os fins para mostrar tanto o roteiro que será usado para alcançar os resultados estratégicos quanto o objetivo estratégico visado.

O PowerPoint é o meio escolhido para o desenvolvimento da maioria dos documentos de estratégia, mas os documentos de estratégia são importantes demais para serem relegados a um meio tão convencional e tedioso. Para máximo efeito, use uma linha de tempo de atividades com base em valor, que seja realmente grande, do chão ao teto. Quando você imprime coisas muito grandes, elas ganham vida. As pessoas não têm como não notar. Se você pendurar um roteiro de *9 metros por 4,5 metros* no *lobby*, pode apostar que as pessoas vão notar e falar sobre ele. Elas vão absorver a totalidade do roteiro, percebendo que a estratégia é de longo prazo e requer paciência. Existe um senso de praticidade em uma estratégia quando ela é acompanhada por uma linha de tempo de ações. Isso mostra visão e também realismo. (Você verá um exemplo disso no Capítulo 6.)

Uma estratégia de design pega três artefatos — uma proposição de valor emocional, um mapa de conceito e um roteiro do produto — e os combina em um só recurso. (Nos dois próximos capítulos, você aprenderá a fazer todos esses artefatos.) Tenha em mente que uma estratégia de design é mais do que só um recurso ou documento porque ela pode agir como um poderoso lembrete de propósito. Uma boa estratégia fica gravada no DNA da empresa e se torna uma segunda natureza para as pessoas que precisam executá-la. Por que estamos fazendo todas as coisas que fazemos? Como todas elas estão relacionadas? Por que estou aqui na labuta, dando duro com os detalhes desta decisão pequena sobre a interface de usuário? Ah, é por isso: porque isso leva a uma finalidade muito maior, com muito mais significado. Uma estratégia de design lhe dá uma razão para ir trabalhar.

IDENTIFICANDO A PROPOSIÇÃO DE VALOR EMOCIONAL

A primeira parte da estratégia de design é a proposição de valor emocional. Uma proposição de valor é uma promessa de produzir valor para um cliente. A promessa é comunicada de modo amplo aos clientes; ela é explícita na *linha de valor* (*e é comunicada por meio do marketing*) e também fica implícita nas decisões de *design* que definem e moldam o produto (e são comunicadas pelo uso do produto).

Para entender sua proposição de valor, faça esta *pergunta de valor* e a responda: O que alguém pode fazer *depois* de usar ou adquirir o seu produto que não poderia fazer *antes* de usar ou adquirir seu produto?

O valor muitas vezes é descrito no sentido econômico como uma forma de riqueza que é criada, como dinheiro ou outro recurso escasso, tempo. É tentador, então, responder à *pergunta de valor* de um ponto de vista da utilidade, descrevendo as coisas práticas que seu produto ajuda alguém a fazer. Por exemplo, se você estivesse criando um motor de busca para concorrer com o Google, você poderia descrever como o seu produto "ajuda as pessoas a encontrarem informações". Isso faz sentido; até faz parte da declaração da missão do Google, "organizar as informações do mundo e torná-las universalmente acessíveis e úteis". Sua linha de valor pouco anunciada — Search, Ads e Apps — ecoa isso.[2]

A declaração de valor do Google tem a ver com realizar coisas e aumentar a eficiência. Ela é clara, direta e pode ser monitorada e mensurada facilmente. Você pode usar uma declaração de valor como critérios de veto para novos recursos e funções, ou mesmo para a organização da empresa. Quando alguém tiver uma boa ideia para um novo produto, você pode perguntar: "Como essa nova ideia vai apoiar nossa linha de valor de busca, anúncios e apps? Como ela vai ajudar as pessoas a encontrar informações? Como ela vai ajudar a organizar as informações do mundo?".

Mas esses comentários de *valor utilitário* são apenas parte da história. Um cliente vai comprar ou usar um produto específico não só por causa do que ele *faz*, mas também por causa da *sensação* que provoca. Para começar a entender a conexão emocional entre um produto e uma pessoa, pense sobre sentimentos, aspirações, desejos e sonhos. Faça esta outra pergunta: O que alguém pode *sentir* depois de usar ou adquirir o seu produto que não poderia sentir antes de usar ou adquirir seu produto?

A proposição de valor do Joe foi redigida desta forma:

Depois de usar LiveWell, as pessoas podem monitorar melhor o modo como se sentem no decorrer do dia e conectar esses sentimentos aos eventos ou atividades em sua vida.

A proposição de valor emocional do Joe foi redigida desta forma:

Depois de usar LiveWell, as pessoas vão se sentir mais conectadas com seus ritmos corporais e se sentirão mais no controle de sua saúde mental.

DESENVOLVENDO UMA POSIÇÃO DE PRODUTO

A segunda parte de sua estratégia de design vem da determinação da posição do produto. Essa característica altamente subjetiva nos produtos digitais flutua entre marca e utilidade. A posição do produto é a atitude que seu produto assume, sua personalidade. A posição é fabricada e projetada e, de uma posição específica de um produto surgem recursos, funções, linguagem, imagens e outras características formais de *design*. A posição é similar à adequação ao mercado, usabilidade ou utilidade, mas também é diferente. A posição pode ser aplicada propositadamente ou por acaso. Ela pode evoluir de uma linguagem de marca existente ou pode ser criada do zero. A posição do produto pode evoluir da compreensão dos usuários, da compreensão do mercado ou da atitude e abordagem de um designer individual. A posição do produto tem a ver com sentimentos.

Mas sentimentos são difíceis de formalizar e de quantificar. E conversas sobre sentimentos em ambientes analíticos (como empresas) são difíceis de encontrar. Mesmo que essas conversas ocorram, as pessoas acham que elas são difíceis de entabular e de entender porque o conteúdo é altamente subjetivo e o resultado da discussão é vago. Se os membros da equipe decidirem que desejam que as pessoas se sintam felizes depois de usar um produto específico, eles terão dificuldade em traduzir isso imediatamente em capacidades ou atividades que levem à ação. Em vez de pensar diretamente sobre emoções, desenvolva uma posição de produto, pensando em seu produto como se fosse uma pessoa. Se seu produto estivesse vivo, que tipo de pessoa ele seria? Qual atitude ele teria quando enfrentasse uma situação ansiosa? Como ele responderia a uma ameaça? Como seu produto seria em uma reunião? Ele seria criativo ou analítico? Ele lideraria a reunião ou ficaria sentado no fundo, rabiscando? Tente trazer o produto à vida, imaginando que ele tenha uma personalidade própria.

Obviamente, seu produto não é um ser vivo, mas quando uma pessoa se envolve com ele, ela naturalmente passará por um processo chamado antropomorfismo. Ela vai atribuir características humanas ao seu produto claramente não humano. De um modo um pouco simplista, se o app travar, ela vai xingar e mandá-lo para o inferno. O processo de antropomorfismo pode levar a relacionamentos de produto mais complicados que se estabelecem com o tempo. Quando você tenta entender a posição que deseja que um produto assuma, você naturalmente começa a considerar interações baseadas no tempo, e contextualiza o relacionamento entre uma pessoa e seu produto como um diálogo em vez de um monólogo.

Assim que você estiver à vontade com a ideia de que seu produto poderia ter uma posição, você pode começar a descrever qual deve ser essa posição. Primeiro, identifique os traços emocionais desejáveis que você gostaria que seu produto apresentasse ao mundo. Existem muitos modos de identificar esses traços, e o modo que você escolher para identificá-los vai depender muito do estilo e da cultura de sua equipe do produto. É uma equipe que assume uma abordagem analítica e de engenharia para o design? É uma equipe que olha para o mercado em busca de orientação? É uma equipe de um só — você — na qual a sua visão está direcionando o desenvolvimento do produto? Ou, você já tem uma marca que vem carregada com a atitude que já existe? (Veja na Tabela 4-1 os modos para identificar as atitudes existentes.)

Tabela 4-1

Identificar as atitudes existentes

SE VOCÊ TRABALHA PARA UMA EMPRESA GRANDE E BEM-ESTABELECIDA...	...A LINGUAGEM DA MARCA JÁ EXISTE, E VOCÊ TEM UMA PERCEPÇÃO DA MARCA NO MERCADO...	...E ESSA LINGUAGEM DA MARCA VAI LEVÁ-LO DIRETAMENTE A ESPECIFICAR TRAÇOS EMOCIONAIS QUE FAZEM SENTIDO.
Se você trabalhar em uma cultura de engenharia...	...a equipe vai esperar e respeitar uma abordagem analítica ao processo...	...e você vai precisar racionalizar os traços emocionais desejáveis que selecionar com base nos dados.
Se você trabalha em um cultura voltada para o marketing...	...a equipe vai olhar para a concorrência e o cenário geral do mercado...	...e você vai precisar visualizar um espaço em branco de oportunidade como um modo de justificar os traços emocionais desejáveis que selecionar.

Tabela 4-1

Identificar as atitudes existentes (*continuação*)

SE VOCÊ TRABALHA PARA UMA EMPRESA GRANDE E BEM-ESTABELECIDA...	...A LINGUAGEM DA MARCA JÁ EXISTE, E VOCÊ TEM UMA PERCEPÇÃO DA MARCA NO MERCADO...	...E ESSA LINGUAGEM DA MARCA VAI LEVÁ-LO DIRETAMENTE A ESPECIFICAR TRAÇOS EMOCIONAIS QUE FAZEM SENTIDO.
Se você trabalha em uma equipe pequena...	...você terá muita liberdade para tomar suas próprias decisões...	...e assim você vai precisar ter uma opinião forte sobre o tipo de emoção que deseja que seu produto projete.

Identificar quatro ou cinco traços extremamente específicos funciona bem; quanto mais específicos eles forem, mais úteis serão. Por exemplo, compare os traços emocionais desejáveis de um Lexus e de um Mini Cooper. Lexus é uma marca de luxo, mas "luxo" só nos traz uma sensação emocional vaga. O Lexus quer ser *luxuoso, sensual, discreto, distante, elegante, macio, romântico* e *ligeiramente fora de alcance*. O Mini Cooper, em comparação, exibe *maravilhamento infantil, despreocupação* e *leveza*; ele quer ser *animado, jovial, divertido* e *livre*. Sabemos disso porque podemos analisar os carros, os anúncios para os carros e as experiências de compra. A linguagem da marca existente fornece pistas a respeito da posição do produto.

Agora, use os traços emocionais desejáveis para estabelecer *requisitos emocionais*. Como os requisitos funcionais, esses descrevem aspectos do produto ou serviço que você vai construir, e como no caso dos requisitos funcionais, você pode testar para ver se os requisitos foram cumpridos depois de um produto estar completo. Esses requisitos emocionais assumem a forma de afirmações factuais — "Nosso produto vai ..." — e você pode incluir esses requisitos na mesma história, ponto ou sistemas de monitoramento de defeitos que já usa. A diferença entre esses requisitos emocionais e os requisitos funcionais, no entanto, é que os requisitos emocionais são onipresentes. Eles existem em todos os casos de uso, em todas as facetas do produto e ditam, descrevem e contêm artificialmente todas as outras decisões de produto, características, usabilidade, marketing e *design* que se segue. Simplesmente, eles atropelam tudo.

Mike Kruzeniski, coordenador de *design* no Twitter e ex-diretor criativo na Microsoft, diz que esses requisitos emocionais se transformam na "alma" de um produto. Não importa o que for cortado devido ao momento, orçamento ou restrições do mercado, essas coisas não podem ser eliminadas ou não sobrará nenhum produto. Quando lhe pedi que explicasse como ele pensa a respeito da alma, ele a descreveu como um conjunto de mínimos:

> A alma é realmente a combinação mínima de três coisas: o que o produto faz, como ele se comporta e sua forma. Os atributos formais e estilísticos são o que dão vida às partes funcionais do produto — mas eles não existem por si mesmos.
>
> Como um *designer*, eu pergunto a mim mesmo: "Quais recursos posso retirar e ainda atingir meu objetivo? Qual é a quantidade mínima de animação ou movimento que pode expor a personalidade no meu produto? Como posso fazer com que meu produto se destaque usando apenas um número mínimo de elementos estéticos?".
>
> Quando esses mínimos estão bem equilibrados, uma narrativa sobre como a equipe de design trabalha começa a ser revelada. O produto não é mais apenas um produto; agora, ele tem uma história. Ele lhe diz com o que os designers se importam mais, o modo em que tomam decisões, seu caráter e o que eles acham que é importante. Quando você usa um produto e sente alguma conexão com o fabricante, é então que acho que você começa a sentir uma alma surgindo.[3]

Aqui estão alguns exemplos de requisitos emocionais que podem se originar dos traços descritos para o Lexus:

Nosso produto sempre será reverenciado em uma multidão.

Nosso produto será muito tátil, quase erótico.

Nosso produto sempre vai tentar os usuários a fazer coisas ligeiramente ilógicas.

Nosso produto sempre vai fazer com que os usuários se sintam no controle, mas na verdade sempre vai controlar os usuários.

Essas afirmações soam como se o produto fosse uma pessoa. Elas criam um senso de identidade para um objeto inanimado. Elas se tornam a estrutura da personalidade. Mais tarde, você vai usar os requisitos emocionais como um *conjunto de restrições* para determinar recursos do produto, decisões de preço, estratégia de conteúdo, prioridades de lançamento e assim por diante.

Esses requisitos tornam-se o caminho para você argumentar e selecionar recursos do produto. O produto deveria ser lançado em cores de alta saturação ou — considerando os requisitos acima — uma paleta de cores mais sensual, rica e sutil faria mais sentido? O marcador de velocidade deveria terminar em um número padrão ou deveria ir até algo absurdo, como 350 quilômetros por hora? O teto solar deveria ser um opcional ou deveria vir como um equipamento padrão?

Além disso, os requisitos tornam-se as maneiras em que você argumenta e seleciona interações de produto e detalhes estéticos. Janelas acionadas manualmente não fazem nenhum sentido no Lexus, mas depressões sutis, texturas extremamente detalhadas e transições suaves com detalhes encaixados parece ser adequadas. Couro? É claro! Como você poderia *não* ter couro, considerando esses traços emocionais e requisitos?

Esses requisitos emocionais tornam-se o definidor das discussões, o modo em que as equipes de produto seguem em frente. O produto ganha vida porque agora tem personalidade. Ele não é mais inanimado; há opiniões sobre como ele deve ser moldado e formado. Grandes inconsistências emocionais são tão surpreendentes e difíceis de racionalizar em um produto como seriam se você as descobrisse em um amigo.

Nosso personagem fictício, Joe, desenvolveu esses traços emocionais desejáveis para o seu produto:

*Nosso produto quer ser **útil, jovial, caloroso, confiável** e **casual**.*

Ele traduz esses traços em requisitos emocionais:

Nosso produto vai conversar com o usuário com uma linguagem coloquial, natural e informal.

Nosso produto vai prever as reações emocionais negativas e oferecer formas de aliviar essas reações.

Nosso produto vai ajudar as pessoas a sentirem menos solidão e mais intimidade.

Nosso produto sempre será afirmativo.

A POSIÇÃO DO PRODUTO DEPENDE DE CONTEXTUALIZAÇÃO E BRINCADEIRA

Uma posição forte de produto utiliza duas das mais importantes características do desenvolvimento do produto: contextualização e brincadeira.

Um contexto é uma perspectiva ativa sobre uma situação, pessoa ou produto. Nós contextualizamos experiências o tempo todo. É assim que passamos pela vida — considerando ativamente as situações que se desenvolvem ao nosso redor e automaticamente aplicando nossas próprias lentes ou filtros a uma dada situação. Contextualizar é parte de ser humano e, embora exista uma demanda constante na civilização ocidental para que sejamos objetivos, a objetividade provavelmente é um objetivo inatingível, pelo menos enquanto estamos vivenciando alguma coisa.

Brincadeira é a ideia de exploração apenas pela exploração, de examinar e considerar diferentes resultados simplesmente para ver o que acontece. Ser brincalhão significa ser explorador e curioso e ter um desejo de experimentar as coisas.

Quando você considera contextualização e brincadeira juntas no contexto do desenvolvimento de produto, você chega a um lugar de oportunidade — *oportunidade para recontextualizar uma situação de uma nova perspectiva, só para ver o que acontece.* Ao atribuir um novo contexto a seu produto, você pede que ele aja de um determinado modo, como se tivesse uma personalidade um tanto quanto autônoma. Se a personalidade tiver consistência, e a riqueza emocional da posição parecer digna de crédito, o usuário vai experimentar uma rica interação com o seu produto. E se o usuário vivenciar uma posição de produto com ressonância, os traços emocionais desejáveis vão, na verdade, ser transferidos para o usuário. Um contexto brincalhão, provocativo e inesperado vai ressoar com um usuário que deseje ser brincalhão, provocativo e inesperado. Em outras palavras, um usuário vai se tornar mais brincalhão, provocativo e inesperado ao usar o produto com essa posição.

Usei um produto não digital — um carro — como exemplo com uma finalidade. A estética de um carro é óbvia, e assim as decisões de personalidade são abertas e óbvias. Um produto digital é muito mais sutil, mas as oportunidades para essa posição têm um impacto profundo e duradouro que muitas vezes é amplificado pela escala e pelo alcance do resultado digital.

Vários anos atrás, a Burger King, em conjunto com a agência de publicidade Crispin Porter + Bogusky criou o "Whopper Sacrifice", uma campanha em que os usuários do Facebook deviam sacrificar seus amigos em troca de hambúrgueres gratuitos. Se você sacrificasse um amigo — digamos, o Joe — aparecia uma mensagem no mural do seu Facebook dizendo que você achava que um hambúrguer gratuito valia mais do que a sua amizade com o Joe. Por mais que o Whopper Sacrifice fosse um produto, esse produto exibia uma posição de produto altamente irreverente. Essa irreverência se transferiu para centenas de milhares de usuário que preferiram sacrificar os amigos em troca de hambúrgueres. Essa foi uma decisão de produto tomada propositadamente para enfatizar uma proposta de valor emocional e uma estratégia de *design*.

Matt Walsh, vice-presidente executivo na Crispin Porter + Bogusky, que estava encarregado da campanha, explica que a ideia dessa tensão irreverente é "a base sobre a qual todas as nossas ideias de marca são desenvolvidas. Percebemos que os valores e as verdades inerentes nas marcas de nossos clientes são, muitas vezes, contrários a uma percepção cultural ou tendência temporária. As verdades dos produtos deles conflitam com o que as pessoas tendem a entender como real e verdadeiro. Isso cria uma tensão que nós podemos explorar. Se contextualizamos essa verdade do produto de uma forma contrária à convenção cultural, nós criamos tensão e uma energia potencial que, em algum momento, é liberada sob a forma de conversas culturais e reavaliação de produtos, categorias e do mundo que nos rodeia".[4]

MailChimp, um recurso para enviar e-mails em massa a uma lista de e-mails, funciona como um amigo brincalhão com um senso de humor extravagante. Quando você pré-visualiza seu e-mail, se esticar a tela demais, os braços do macaco caem.[5] Essa foi uma decisão de produto tomada de propósito para destacar um posição de produto. O CEO do MailChimp, Ben Chestnut, explica que essas decisões foram inicialmente tomadas para "anunciar a empresa como um local de trabalho atraente para programadores e *designers* criativos".[6] Aarron Walter, diretor de experiência de usuários na MailChimp, explica que Chestnut ficou "inventando modos engraçados de mostrar às pessoas como o e-mail delas podia ser largo, e eles pensaram naquelas placas de parque de diversões: 'Você tem de ser desta altura para este brinquedo'. Como a pré-visualização é exibida em uma janela pop-up, cujo tamanho pode ser modificado, eles acharam que seria divertido se o braço de Freddie continuasse se estendendo com a janela. Mas, em um determinado ponto, simplesmente parecia absurdo. O braço dele não podia se alongar tanto!"[7]

Nos dois exemplos, uma funcionalidade não utilitária foi acrescentada ou manipulada com a única finalidade de apoiar uma posição do produto por meio do apelo emocional. Esse apelo poderia assumir a forma de uma história, uma animação ou uma piada.

CONSIDERANDO SITUAÇÕES ANÁLOGAS

A terceira parte de sua estratégia de design, além da proposição de valor emocional e da posição de produto, é uma compreensão de experiências emocionais análogas.

Primeiro, pense sobre os insights e objetivos que você identificou em sua pesquisa. Se estiver trabalhando em um espaço de medicina, você pode ter descrito insights como: "As pessoas querem ser saudáveis com o mínimo esforço" ou "As pessoas não entendem nem confiam em termos científicos para os problemas médicos".

Você pode ter identificado objetivos como "Tratar uma doença com segurança" ou "Entender os planos de tratamento". O autor Alan Cooper observa: "Quando a tecnologia muda, as tarefas geralmente mudam, mas os objetivos permanecem constantes", e assim esses objetivos de alto nível serão verdadeiros independentemente do meio de sua solução.[8]

Com base em seus insights, descreva as interações e emoções unicamente humanas que são típicas quando as pessoas tentam alcançar os objetivos que você identificou.

Algumas interações e emoções que apoiam o objetivo de "tratar uma doença com segurança" incluem:

- Lembrar de tomar um comprimido todos os dias.
- Sentir confiança com o progresso que está sendo feito.
- Consultar um profissional de saúde de tempos em tempos.

Algumas interações e emoções que apoiam o objetivo de *entender os planos de tratamento* incluem:

- Ler sobre o plano de tratamento em linguagem simples.
- Discutir as complexidades com outras pessoas.
- Sentir-se no controle.

A seguir, pense sobre uma situação comparável e análoga que não tenha nada a ver com atendimento de saúde. Em que outras situações todas essas características são verdadeiras?

- Lembrar de [fazer algo] todos os dias.
- Sentir confiança com o progresso que está sendo feito.
- Consultar um profissional de tempos em tempos.
- Ler sobre [a situação] em linguagem simples.

- Discutir as complexidades com outras pessoas.
- Sentir-se no controle.

Existem pontos análogos em muitas situações — desde coisas como jardinagem a se inscrever em um programa de MBA executivo ou treinar para uma maratona. Todas essas situações exigem interações diárias, têm um senso de progresso longo e lento, exigem interações profissionais pouco frequentes, mas regulares, têm muito jargão que pode ser descrito em linguagem simples e requerem uma sensação de controle.

Escolha uma delas — digamos, treinar para uma maratona — e comece a descrever como o processo acontece no decorrer do tempo. Esboce uma linha do tempo e descreva os principais artefatos que sustentam as pessoas conforme elas treinam. Por exemplo, as pessoas usam *dispositivos vestíveis* para monitorar seu progresso durante o dia. *Agendas* ajudam os treinadores a preparar e lembrar as pessoas de seu esquema de treinamento. As pessoas frequentam *grupos* a fim de receber incentivo e ajuda. E as pessoas leem *revistas com* histórias inspiradoras sobre pessoas iguais a elas e que foram bem-sucedidas.

Todos esses artefatos tornam-se sinais para seu produto novo em atendimento de saúde, oferecendo pontos de contato para recursos em potencial para seu novo produto. Considere a ideia da agenda, a ideia do grupo, as revistas e os dispositivos, e pense por que eles são eficazes na situação análoga. Depois, roube as ideias sem a menor culpa e as recoloque no novo contexto. Este método de *olhar para situações similares* funciona devido à capacidade do seu cérebro para usar a analogia em diferentes padrões. Segundo o cientista cognitivo, Douglas Hofstadter, a analogia está no centro de todo o pensamento humano e é o tecido conectivo que nos ajuda a encontrar sentido no mundo que nos rodeia.[9] A fim de aproveitar as ricas analogias, você precisa ter uma visão de mundo rica — em que lhe ocorra pensar em um treinamento de maratona ou jardinagem. Então, além dessa técnica para sinalizar um momento cintilante, pense em como você pode ampliar de modo mais geral sua visão da cultura e sociedade. Isso pode significar ler novos blogs que não tenham nada a ver com software, *startups* ou produtos, e ir a conferências que fiquem a dois ou três pontos de distância de sua zona de conforto.

Neste capítulo, você aprendeu como construir e estruturar uma proposição de valor emocional a fim de estimular uma visão de produto que se concentre em emoções, e não em utilidade. Você também aprendeu como desenvolver uma posição de produto, dando uma voz particular a um produto, e como utilizar situações análogas para dar saltos experimentais. No próximo capítulo, você vai aprender como preencher os detalhes dessa visão estratégica com os detalhes do produto, para que seu produto possa tornar-se vivo com personalidade.

UMA ENTREVISTA COM MARK PHILLIP SOBRE RESTRIÇÕES NAS DECISÕES DE PRODUTOS

Mark Phillip é o CEO de "Are You Watching This?!", uma empresa de análise de empolgação com esportes, situada em Austin, Texas. RUWT?! usa algoritmos para identificar eventos esportivos empolgantes em tempo real, quer seja uma entrada sem rebatidas no beisebol , pênaltis no futebol ou um jogo de críquete T20 que vai para o desempate. A empresa B2B licencia os dados para empresas de mídia e de esportes em todo o mundo para alimentar aplicativos móveis, placares digitais ou as luzes no telhado de um arranha-céu.

Phillip nasceu no Brooklyn, abandonou o curso do MIT e é obcecado com a exploração da tecnologia para liberar as pessoas de seus dispositivos. Antes de fundar a RUWT?!, Phillip dividiu sua carreira entre consultoria de software empresarial e publicidade, trabalhando com grandes marcas como Best Buy, Boeing, Chase, Ford of Europa, John Deere, Lands' End e Toyota.

MARK, ME FALE DE VOCÊ E DA SUA EMPRESA.

"Are You Watching This?!" lhe dá um toque digital no ombro quando é hora de correr para o sofá: nós buscamos eventos esportivos empolgantes e o avisamos para que você possa assistir antes de ser tarde demais. Alimentamos grandes empresas como Fox, CBS e Telstra. Quando um jogo empolgante está acontecendo, eles podem fazer qualquer coisa, desde enviar uma notificação em um app, desencadear uma autogravação em um DVR ou enviar uma mensagem para um grande outdoor piscando "ATENÇÃO" na beira da estrada.

O centro de nosso aplicativo é nossa escala de empolgação. Temos um valor numérico que começa no zero e vai até o infinito. Zero é o jogo mais chato possível. Por volta de 300 estão os jogos bem especiais. Temos quatro níveis que se formam camadas acima dos valores numéricos. O nível Épico começa em 275. Épico é uma ausência de rebatidas na segunda parte da oitava entrada de um jogo de beisebol. É o que vai ser assunto de conversa no trabalho no dia seguinte.

Assim, o número sobe e desce; esse é o núcleo do que vendemos. Isso possibilita coisas que são muito grandes. Isso torna possível gravações DVR, outdoors e outros grandes eventos públicos.

Por exemplo, nós cobrimos um hotel com uma luz que corresponde ao status de um jogo. Isso foi como um grande sinal para os fãs de esportes.

Estou fazendo isso, basicamente sozinho, há sete anos e dois meses. Houve alguns outros profissionais aqui e ali, mas é minha criação e minha visão. Tenho um grande concorrente chamado Thuuz, e a diferença entre nós é interessante. Thuuz tem 15 funcionários e US$5 milhões em patrocínio. Eu sou uma empresa de um homem só, cuja verba vem dos cartões de crédito. Na verdade, este é um ano lucrativo. Minha pontuação no cartão de crédito subiu 115 pontos neste ano, em comparação a alguns anos atrás em que foi 0. Daqui a 10 anos, haverá um ótimo estudo de caso de MBA comparando "Are You Watching This?!" e Thuuz. É o primeiro na área versus o segundo a entrar na área; B2B versus B2C. Muitas das decisões que pensei em tomar estão sendo tomadas por Thuuz com o patrocínio, que eu decidi não utilizar. Thuuz é uma empresa de um universo paralelo, que faz o que eu faço, mas fazendo de modo muito diferente. É interessante assistir a muitas das decisões que eu às vezes tomaria sendo tomadas por uma empresa totalmente diferente.

ASSIM, DE MUITAS MANEIRAS, VOCÊ ESTÁ VIVENDO O SONHO DA INTERNET — O FUNDADOR SOLITÁRIO, ABRINDO CAMINHO SOZINHO. COMO É FAZER ISSO SOZINHO?

A bênção e a maldição é que eu tenho controle completo sobre a visão da empresa, mas não tenho ninguém verificando o que eu faço. Assim, às vezes, cometo erros bem óbvios. O maior erro que fiz até agora foi não atacar o iOS quando ele apareceu. Antes de a

Apple ter uma App Store, havia uma Web Store, em que eram publicados apps da web. "Are Você Watching This?!" foi um dos primeiros apps de esportes disponíveis. Mas quando Objective-C foi lançado e você pode construir apps nativos, eu não segui esse caminho. Eu tinha de comprar um Mac, estava sem dinheiro na época e não queria aprender uma linguagem totalmente nova. Se eu tivesse tido alguém que dissesse: "Não seja um idiota — é importante dar uma olhada nisso", as coisas teriam sido muito diferentes.

Uma grande parte de minha tomada de decisões tem a ver com aquilo em que vou usar meu tempo. Passo muito tempo em meu algoritmo. Em um jogo de basquete, é empolgante se o jogo está empatado, e um pouco menos empolgante se a diferença for de dois pontos, e um pouco menos empolgante ainda se ela for de quatro pontos. Eu poderia criar um algoritmo que só funcionasse linearmente desse jeito. Mas, no final, a ideia típica de que um jogo empatado é o mais empolgante não é exatamente precisa. Um jogo com um ponto de diferença é bem mais interessante do que um empate.

Então, sempre há mais coisas que você pode acrescentar a um algoritmo. Ele nunca está terminado. Uma grande parte de descobrir isso é deixar que fique no fundo da sua cabeça, assistindo a jogos e pensando: "Será que isso faz mesmo sentido?" Demora um pouco para que as ideias surjam. Adoraria passar o dia inteiro trabalhando no algoritmo e pensando em cenários. Mas não posso. Então, sempre parece que está 95% terminado.

Portanto a parte difícil, como uma empresa de um homem só, é o modo como divido o meu tempo entre aperfeiçoar o algoritmo e vender o produto. Muitos empreendedores de primeira viagem perguntam: "O meu app tem de ser muito bom antes de eu poder vendê-lo?" Tomar uma decisão "boa o suficiente" é uma coisa. Mas uma vez que você passa desse ponto, é com isso que mais luto, porque pode levar um tempo infinito para deixar o produto perfeito. E não posso só me concentrar em uma coisa porque tenho todas essas outras coisas a fazer.

Nosso cliente Telstra, uma grande empresa de telecomunicações australiana, nos procurou há um ano para dizer que queria criar uma nova marca e, em março, lançou a nova marca chamada SportsFan. Então, ela está usando os dados do "Are You Watching This?!" para avaliar críquete e rúgbi. Tem sido interessante trabalhar com a Telstra para construir um app totalmente novo para esportes igualmente novos e algoritmos também novos. Para mim, foi preciso muita gestão de produto para entender o que estávamos construindo de fato.

Os esportes australianos são extremamente diferentes. Por exemplo, o jogo de apostas é legal no país e está em todo lugar. Você entra em um bar, e lá tem um jogo operado pelo governo. Ele pode até mesmo ser subsidiado pelo governo. Portanto, incorporamos as chances de apostas no app. Tive de me esforçar para entender aquela mentalidade.

Além disso, tem um ritmo diferente nos esportes lá. Nos Estados Unidos, em um em cada quatro dias do ano existem cem eventos esportivos. No dia 17 de novembro do ano passado, houve 580 jogos em um dia. Mas quando vai para a Austrália, há jogos na sexta-feira, no sábado, no domingo e na segunda-feira. Então, da terça-feira até a quinta-feira, tudo fica inteiramente tranquilo. Tem menos a ver com precisar do toque no ombro para correr para o sofá, e mais com estar "no modo de esportes" no fim de semana. Entender o cliente foi a coisa mais difícil para eu absorver na minha mente. Mas quando fiz isto, fui capaz de juntar a demografia do usuário final com as necessidades da Telstra e fornecer valor por meio de "Are You Watching This?!" Isto é o que vejo como gerenciamento de produto. No entanto, não uso essa expressão. Eu chamo de "a visão" — o que encantará os usuários para que eles continuem voltando ao produto.

COMO VOCÊ CHEGA A ESSA VISÃO?

Para muitas pessoas, é um processo analítico. Para mim, é intuição. As pessoas me perguntam se fiz alguma pesquisa de mercado quando comecei. Não fiz. Eu só criei um site que sempre quis que existisse. Muitas pessoas verão uma oportunidade de mercado e pensarão: "Posso ganhar dinheiro com isso. Posso construir algo aqui, posso fazer um plano de negócios, e isso parece lucrativo". Você pode fazer grandes coisas desse jeito, mas depois que três ou quatro anos se não for bem-sucedido, é muito fácil perder a motivação.

Amo o que faço. Eu assisto esportes o dia todo e falo sobre matemática. Passei 4,5 anos sem ganhar um só dólar, sem um cliente único. Fui capaz de afastar a empresa das coisas que não queria fazer e levá-la na direção daquilo que gosto, minimizando minhas fraquezas e utilizando as minhas forças. A minha visão é dirigida pela intuição porque gosto tanto de esportes. Eu podia passar o resto da minha vida envolvido com esportes e tecnologia.

ME AJUDE A ENTENDER O QUE VOCÊ QUER DIZER COM "DIRIGIDO PELA INTUIÇÃO".

Tem a ver com entender seu público e aprender como ser um tradutor. Uma das razões pelas quais fui bom em consultoria, que era o que eu fazia antes disto, foi porque eu conseguia traduzir do *geek* para inglês. Eu me tornei bom em identificar que esta pessoa tem este problema, e é assim que eu vou vender meu produto e, tecnologicamente, é assim que eu vou resolver o problema. É isso que me faz gostar do meu trabalho, e é isso que origina o melhor material no que faço. É a capacidade de entender como ensinar algo novo a alguém, de um modo em que ele vá entender. Tem relação com o que posso fornecer para as pessoas.

Muitos fãs de esportes perdem jogos. Eles esquecem que os Yankees estão jogando na interliga contra os Cubs e que um canal que nunca assistem está transmitindo o jogo. Eles não fazem essa conexão na sua cabeça. Mas durante aqueles três dias do ano, quando os Yankees estão em Wrigley, e o jogo é transmitido naquele canal, nós queremos dar um toquinho no ombro desse torcedor. Os esportes têm prazo de validade mais curto. Você tem de assistir ao vivo. Assim, como posso ajudar esse fã de esportes a desfrutar mais dos seus esportes favoritos? Não se trata de assistir à ESPN e ficar pulando entre a ESPN e a ESPN 2. Tem a ver com lembrar que a NBC Sports está no canal 929, e eles estão em um nível em que seus esportes não se alinham com os outros canais de esportes. São todos estes dados, resumidos de um modo que lhe permite ser um superfã, não ser a pessoa no dia seguinte, no escritório, que perdeu o grande jogo da noite anterior. Você tem esse toque digital no ombro, um *concierge* ou um amigo digital que o ajuda a desfrutar mais os esportes.

Uma de minhas heroínas é Kathy Sierra, uma programadora. Ela tem algumas citações que eu sigo e repito o tempo todo para mim mesmo. Uma das melhores é: "Pergunte-se: como posso fazer meus usuários arrasarem todos os dias?".

É UM ÓTIMO OBJETIVO, "FAZER OS SEUS USUÁRIOS ARRASAREM TODOS OS DIAS". MAS PARECE TÃO ABSTRATO. QUE HABILIDADES GERAIS TORNARIAM ALGUÉM BOM NISSO? COMO SE FAZ ISSO?

É empatia. Tem a ver com ensinar e ler o seu público. É mais fácil para mim no espaço dos esportes porque eu adoro. Se você fosse um gerente de produto que caísse no meio de algo sobre o qual não sabe nada, a primeira coisa a fazer, e a mais difícil, seria compreender o seu cliente. Quem usa o produto, e por que detestam a manifestação atual dele?

Tem a ver com entender os problemas e compreender o cliente. Depois, você tem de realmente criar alguma coisa. Se fizer as duas primeiras coisas do jeito certo, a última parte é fácil, mas você precisa ter certeza de não tentar incluir tudo. Você tem de dar às pessoas opções limitadas, em vez de opções infinitas. A restrição é importante como um gerente de produto.

Os gerentes de produto não deviam escutar os usuários avançados. Outra frase da Kathy Sierra que adoro é: "Ninguém tem tanta curiosidade intelectual sobre o seu produto quanto você". As pessoas celebrarão publicamente as coisas que funcionam para os persistentes. Mas uma coisa como o Instagram funcionou muito bem, e não é para persistentes. Não precisa ter uma Nikon DSLR em que você acabou de gastar 3 mil dólares. A pessoa que gosta de fotografia pode de repente se transformar em um perito com o Instagram apenas com alguns cliques. Ela pode retocar algumas coisas, e a foto fica boa ou moderna. É aqui que você consegue muito valor. Mesmo que eu tenha uma empresa B2B, o nosso produto ajuda as massas. O produto que você desenvolver tem de ter uma demografia em mente, ou você tentará agradar a todo o mundo, e isso não vai dar certo. Se estiver mesmo procurando atrair muitas pessoas, tente se concentrar no meio da curva normal. Imagine a curva normal, onde o eixo x é uma tendência ou habilidade. É quanto controle os usuários querem. O eixo y é a população. Quando você vai para os extremos, não há muitas pessoas. Mas no meio, se você puder destacar essa área e tornar seu produto incrível para essas pessoas, você terá sucesso.

Um gerente de produto tem de entender o fluxo desde a entrada até os resultados. Pense na televisão a cabo, por exemplo. Eu gostaria de redesenhá-lo para que, quando você ligue a sua

TV, você não veja um guia eletrônico de programação com mil canais. Oitenta por cento das pessoas assistem oito canais na sua TV. Então, não me mostre mil. Mostre os três que, neste momento, estão passando o conteúdo que eu gosto. Nunca assisto ABC Family nem Syfy. Mas ABC Family passa Harry Potter, e isso eu assisto. E Syfy, às vezes, passa filmes de James Bond. E eu gosto deles. Não me faça caçar o conteúdo. Essas são decisões de produto. Muitas vezes pensamos no *design* como um sombreado ou cantos arredondados. Mas o *design* desempenha um papel importante em algumas das opções que você escolhe. É um paradigma totalmente diferente ou uma interação diferente. Você está construindo algo novo do zero, onde a interação básica de canal para cima, canal para cima, canal para cima é totalmente diferente de selecionar e apresentar opções que tenham valor.

É uma expectativa diferente. É a Netflix, em comparação com ir à locadora de vídeos. Se você puder ter a Netflix em tudo na sua vida, de modo que tudo o entenda, e você acredite que tudo o entende, se as recomendações de fato fizerem sentido, as pessoas amarão o seu produto. Compare as agências de vendas autorizadas de carros com sites como TrueCar, e a Blockbuster com a Netflix. A Blockbuster fechou. A Netflix prosperou. Mas as agências de vendas autorizadas de carros não vão à parte alguma. Se você não for capaz de educar e selecionar tão bem como um ser humano, a tecnologia não vai vencer. Tem a ver com criar o produto que faz mais sentido.

Depois de ter a ideia geral do que vai construir, você tem de entrar na cabeça das pessoas e entender por que elas detestam o que existe atualmente. No caso dos esportes, estou acostumado com a mentalidade, e sou apaixonado sobre o assunto. Os gerentes de produto são capazes de fazer isso com coisas pelas quais não estão apaixonados.

COMO ISTO SE TRADUZ EM DECISÕES DE PRODUTO ESPECÍFICAS?

Ao entrar no "Are You Watching This?!", você primeiro nos diz quem é sua operadora de TV, os esportes dos quais gosta, e que avaliação o jogo tem de ter antes de você ser notificado.

Uma coisa que está obviamente ausente é: "Como posso filtrar pelo meu time favorito?" Essa foi uma decisão de produto que eu tomei: Eu não ia construir isso. É fácil de fazer, e a arquitetura pode lidar com isso, mas eu nunca fiz. Essa decisão definiu a demografia do site. Quero pessoas que gostem de tudo sobre esportes. Se for uma liga secundária de beisebol às 2 da manhã, eles vão sair da cama para assistir ao jogo. Não vão se concentrar só nos seus times. Eu quero fãs de esportes em geral.

Decisões como esta — de omitir um recurso — ajudaram a moldar a comunidade que tenho agora e, sem decisões como essas, eu teria realmente grandes anomalias no algoritmo. Percebi isso bem no início. Eu estava em um talk show numa rádio em Buffalo, em 2007, e nosso site caiu com o peso dos acessos depois da entrevista. Muitas pessoas acessaram o site, e eu não estava preparado para isso. Então todas as vezes em que tinha um jogo do Buffalo Sabers ou do Bills nos meses seguintes, o acesso disparava. No final, isso foi diminuindo, mas foi assustador porque quebrou o algoritmo. A omissão do recurso — escolher o seu time — na verdade melhorou o produto e o algoritmo. Adoro o que isso faz pela comunidade.

É UMA CONTRADIÇÃO ESTRANHA: VOCÊ DIZ QUE TEM EMPATIA PELOS USUÁRIOS E, PORTANTO, NÃO VAI LHES DAR AQUILO QUE ELES DIZEM QUE QUEREM.

Entender o que os usuários querem e o que isso causaria me fez perceber que não quero isso no produto. É importante dizer não, mesmo que eu saiba que, se dissesse sim, iria agradar uma boa parte dos usuários. Eu tive visão suficiente para perceber que isso iria, na verdade, prejudicar o produto. Se você fosse comprar um carro e o vendedor lhe desse um livro de 20 páginas sobre todos os carros na loja, você simplesmente iria embora. Você diria que ele era preguiçoso. Ele estaria jogando todo o trabalho para você. Mas, por algum motivo, achamos que tudo bem fazer isso na web e nos apps. Exige coragem um gerente de produto dizer: "Nós não vamos fazer isso. Não vamos dar a eles todo o poder. Vamos restringir um pouco". Isso geralmente não é tão fácil de fazer. É radical.

A restrição é difícil, e selecionar é difícil, mas se você puder fazer as duas coisas muito bem, é aí que as coisas boas acontecem. É crucial receber benefícios pelo que se paga. Existe uma cadência e um ritmo interessantes em acrescentar recursos em um app depois de lançado. É uma arte e uma ciência determinar quais recursos você deve lançar em cada momento.

O QUE VOCÊ DIRIA PARA ALGUÉM QUE QUEIRA FAZER O QUE VOCÊ FAZ?

Ninguém nunca disse isso para mim. Qualquer que seja a coisa que você vai começar, não faça sozinho. Vai faltar perspectiva. Você não vai poder descobrir o que faz sentido e o que não faz. É muito fácil se enfiar num buraco, construir alguma coisa porque o código é elegante, mas ninguém nunca vai usar isso.

É importante fazer as pessoas falarem. Uma coisa que digo aos desenvolvedores que não gostam de fazer *networking* e se sentem muito tímidos é que tentem conversar com um atendente de SAC pelo telefone. Você não precisa pagar para isso e pode desligar quando quiser, mas se puder fazer alguém rir ou fazer com que ele fale sobre o seu dia, isso é uma vitória. É a capacidade de fazer as pessoas se abrirem.

Você tem de saber escutar muito bem. Ser capaz de fazer alguém sair da concha é uma habilidade. Não se preocupe em ser empolgante. Em vez disso, faça muitas perguntas. Seja interessado, não interessante. Quando os *geeks* vão a um evento, eles só querem falar sobre essa coisa maravilhosa que estão desenvolvendo. Mas, em vez disso, pergunte a alguém o que ele faz. Se você ficar bom em fazer as perguntas certas, você pode descobrir os problemas daquilo. Pergunte: "Por que você está fazendo isso? Qual é o problema que está resolvendo?" Porque se você puder encontrar alguém, ouvir o que ele diz, fazer duas perguntas e, depois, lhe dar uma ideia que ele nunca ouviu antes, você vai estar em um ponto realmente bom. Se você se tornar melhor nisso, ouvir o que as pessoas dizem, perceber quais são os seus problemas — por pequenos que sejam —, se puder criar um produto com base nisso, essa é a chave para tudo que você faz como gerente de produto. Entenda o problema o mais rápido possível, identifique os pontos-chave, e construa a solução certa com base nisso.

5

visão do produto

criação dos detalhes do produto

Joe dá dois cliques em um anexo de e-mail enviado pelo designer de interação. É um mapa de conceito revisado do aplicativo que mostra todo o produto de uma vez, mas muito detalhadamente. Enquanto revisa o mapa, a mente de Joe começa a vagar e ele pensa na versão 2.0, mas rapidamente ele sacode a cabeça e volta à realidade. Eles ainda nem lançaram a versão 1.0, e Joe faz o possível para não se adiantar demais.

Ele tem certeza de que o produto é forte. É pequeno — são aproximadamente 30 telas, com dois fluxos principais — e faz sentido. É realizável e não depende de uma grande quantidade de infraestrutura tecnológica complicada. Mas Joe se preocupa com a possibilidade de a versão atual não ter funcionalidade suficiente para ter valor. Ele não está seguro de haver o suficiente "lá". Joe olha para o calendário de desenvolvimento e começa a pensar como pode trazer mais funcionalidade à vida, mais depressa.

DEFINIÇÃO DO PRODUTO

É difícil pensar na totalidade de um produto digital porque os seus limites são invisíveis. Compare um aplicativo simples com um produto físico como uma cadeira. Você pode olhar para a cadeira, andar em volta dela e julgar o tamanho dela; pode formar uma representação mental das extremidades do objeto e memorizar uma representação bem forte da "essência da cadeira". Você até pode se sentar nela e ter um senso de proporção e resistência. Se for uma cadeira antiga, e você substituiu recentemente o assento, ela vai parecer nova, e você pode mapear isso no seu modelo mental do objeto. Se você fosse gerente de produto da cadeira, poderia certamente manter a imagem da cadeira na mente. Você poderia fechar os olhos e descrever todas as características, estilo e diferenciais dela.

Mas não há modo de entender de que tamanho um software é olhando para ele nem o usando, e não existe uma boa métrica para monitorar seu tamanho. Você deveria contar as linhas do código? O número de telas? Até mesmo a contagem de recursos ocorre em um nível de abstração que é difícil de racionalizar. Além disso, muitos apps incluem código herdado e código novo, mas muitas vezes não há nenhum modo óbvio de julgar se o "assento" digital foi substituído. Um usuário atento pode notar modificações estéticas de uma tela para outra, mas não notaria a maior parte das inconsistências. Ainda mais difícil é imaginar o software na sua mente. Experimente: feche os olhos e pense em um software simples. Você consegue imaginar? Não quero dizer uma tela única. Você pode fluir pelo software em sua mente como poderia imaginar que está andando em volta de uma cadeira?

Como um proprietário de produto, você tem de ter um modelo mental preciso do seu produto. Você tem de entender o tamanho, as características, o código e as inconsistências visuais. Com o tempo, você criará uma boa parte desse modelo mental simplesmente ao se familiarizar com o produto e ao usá-lo. Mesmo um produto pequeno é elusivo e difícil de manter na memória num dado momento, e assim um mapa do produto se torna um instrumento crucial para lidar com a complexidade do seu produto.

Na sua forma mais simplista, o mapa é uma abstração visual de telas, recursos, fluxos ou pessoas. O mapa o ajuda a entender como uma pessoa usará o seu produto para realizar os seus objetivos. Você pode indicar uma série de passos e fazer uma afirmação concreta de como um usuário vai se mover de um lugar para o outro. Além disso, você pode formar uma compreensão definitiva do escopo, complexidade e consistência. De imediato, pode definir se uma determinada sequência de passos é consistente, se um usuário pode se mover de um lugar ao outro com facilidade, e se um conjunto de recursos está disponível da maneira que você espera que esteja.

CONSTRUA UM MAPA DE CONCEITO DE PRODUTO

Em algum ponto, a maior parte dos profissionais se encontra em posições da venda: de persuadir um público cético que sua visão do futuro é boa e vale a pena segui-la. A maioria dos profissionais confia em um argumento verbal, lógico como se o melhor argumento fosse o mais racional. É questionável se esse *deve* ser o caso e, certamente, não é o caso na maioria das organizações, nas quais os *stakeholders* muitas vezes são persuadidos por suas emoções.

Quando um designer apresenta o seu produto, um argumento bem-sucedido em prol de um estado futuro normalmente é feito de uma combinação de emoção e narrativa, apelando ao coração e à alma. Os mapas de conceito são um modo de persuadir um público educando-o, ao mesmo tempo, ajudando o público a ver o mundo de uma nova perspectiva (a sua) e dando-lhe um mecanismo para dar sentido à sua visão.

Passo 1: Enumere os substantivos e verbos.

Um mapa de conceito de produto é um instrumento *para mostrar* relações entre as partes conceituais do seu produto. Normalmente, ele liga substantivos com verbos; une pessoas ou artefatos com processos ou ação. O primeiro passo em direção à criação de um mapa de conceito é identificar os substantivos e verbos. Pense nas palavras que você usou anteriormente para descrever a posição de produto e a proposição de valor emocional, e extraia a linguagem que descreve pessoas, artefatos, sistemas, processos, ações e reações. Escreva essas palavras em duas listas separadas: uma lista de verbos e uma lista de substantivos. As listas de Joe poderiam ser como as mostradas na tabela 5-1.

Tabela 5-1

Lista de substantivos e verbos de Joe para criar um mapa de conceito de produto

SUBSTANTIVOS		VERBOS
Celular	Alerta	Enviar
SMS	Ritmo corporal	Receber
Servidor	Saúde mental	Monitorar
Sentimentos	Emoções	Identificar
Mapa	Gráfico	Aprender

Passo 2: Ordene as listas com base no valor emocional.

Analise criticamente as listas de substantivos e verbos e comece a priorizar os itens com base em quanto valor têm ou fornecem a um usuário. Priorize os substantivos com base no que ajudam pessoas a fazer, realizar, sentir ou pensar. Priorize os verbos com base nas ações que são as mais importantes para progredir em direção a um resultado valioso e desejado.

A lista priorizada de Joe está na tabela 5-2.

Tabela 5-2

Lista priorizada de substantivos e verbos de Joe

SUBSTANTIVOS	VERBOS
Ritmo corporal	Aprender
Saúde mental	Monitorar
Sentimentos	Identificar
Emoções	Enviar
Mapa	Receber
Gráfico	
SMS	
Alerta	
Servidor	
Celular	

Passo 3: Comece a esboçar o mapa de conceito de produto criando uma estrutura principal com os substantivos e verbos.

Crie uma frase que una os primeiros substantivos com os primeiros verbos. Tudo bem em acrescentar novas palavras para apoiar a frase ou novos verbos para deixar mais claro. A primeira frase de Joe é: "A LiveWell ajuda as pessoas a aprender os seus ritmos corporais e saúde mental, dando-lhes um modo fácil de monitorar seus sentimentos e identificar uma relação entre suas emoções e os eventos na sua vida diária".

No capítulo 4, Joe tinha criado esta proposição de valor emocional: "Depois de usar a LiveWell, as pessoas vão se sentir mais ligadas com os seus ritmos corporais e vão se sentir mais no controle da sua saúde mental". Isto é uma continuação daquela atividade — um modo um pouco mais detalhado, ligeiramente mais específico de descrever o que o produto fará para ajudar as pessoas. Joe usou uma linguagem visual para passar das frases escritas para uma forma diagramática, desenhando esta frase com círculos para os substantivos e ilustrando os seus verbos de conexão com linhas (ver a Figura 5-1. Este desenho é a estrutura do mapa de conceito de produto de Joe, a espinha dorsal do sistema.

Figura 5-1

Primeiro esboço do mapa de conceito de produto da LiveWell

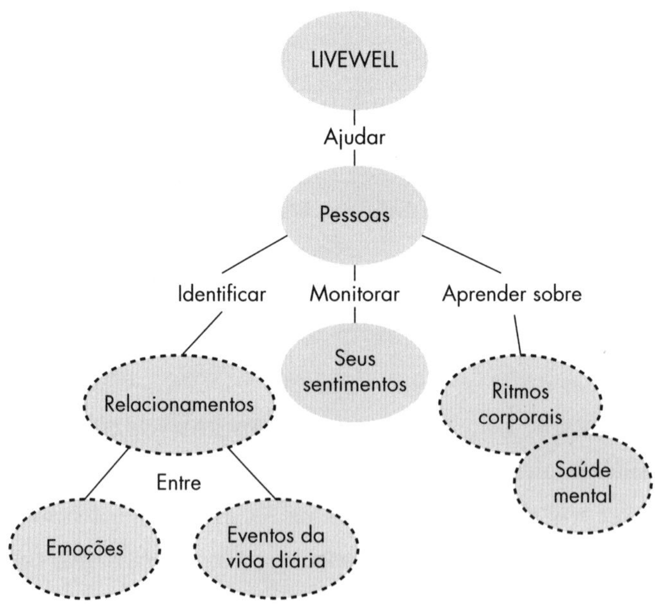

Passo 4: Acrescente os substantivos e verbos que faltam ao mapa.

Agora, acrescente as palavras que faltam como *SMS, alertas, enviar, receber*. No diagrama existente, determine onde os substantivos fazem mais sentido e os acrescente ao esboço. Mais uma vez, Joe pôs os substantivos em círculos e usou linhas conectoras para indicar as relações dos verbos de ação (ver a Figura 5-2).

Figura 5-2

Segundo esboço do mapa de conceito de produto da LiveWell

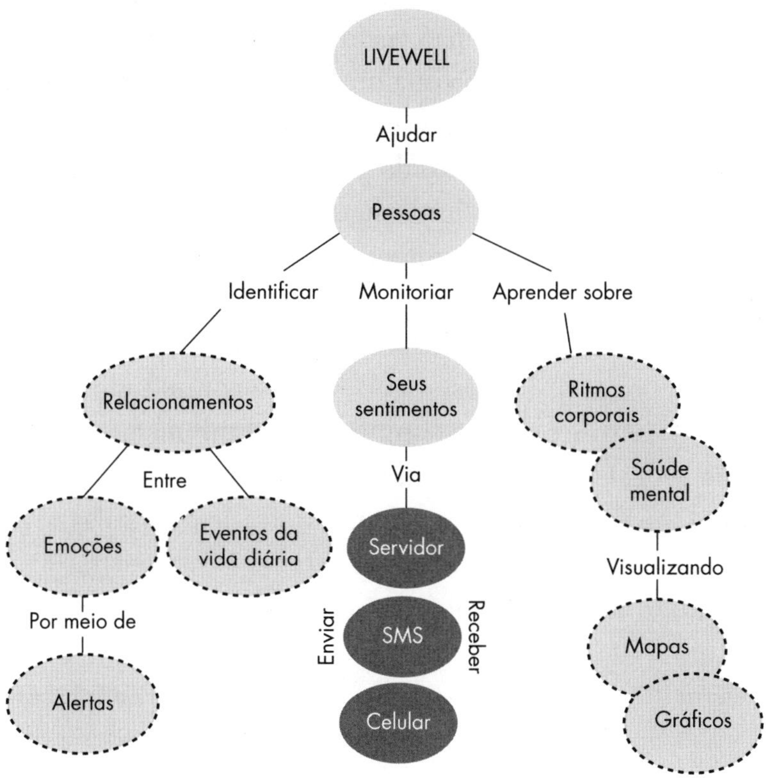

USE O MAPA DE CONCEITO DE PRODUTO

Uma vez que criou o mapa, você pode usá-lo internamente para estimular alinhamento e ajudar os outros a ver a sua visão do produto. A visão do produto é um instrumento extremamente eficaz para você porque foi você quem o fez, mas quem a lê pela primeira vez acha que é muito complicada. É aqui que um mapa de conceito de produto pode falhar: ele é uma manifestação do ponto cego do perito. Na criação do mapa, você aprendeu coisas novas e vê o mundo de uma nova maneira. Você pode se sentir tentado a apresentar o artefato terminado como a prova dessa nova visão, mas como o público não acompanhou você nessa criação, ele não aprendeu o que você aprendeu. As pessoas não veem o mundo de mesma maneira que você. Como o mapa é visualmente complexo (como foi a sua aprendizagem), o seu público vai se sentir intimidado.

Use um mapa de conceito de produto para a mudança organizacional durante um período de alguns meses, estratégica e socialmente, e com o objetivo de influenciar a trajetória da sua empresa, ajudando os colegas a examinar o mundo do seu jeito.

A Figura 5-3 mostra o mapa de conceito de produto final de Joe. O produto será simples, mas o mapa é complicado. Ele inclui todo tipo de detalhes técnicos importantes. Embora faça muito sentido para Joe, ele não é útil para mais ninguém, por enquanto. Ele não conta uma história. Joe precisará explicá-lo com palavras, ou as pessoas não o entenderão nem o usarão.

Então, o Joe poderia começar apresentando um mapa mais parecido com o da Figura 5-4. Ele parece simples demais — tem só alguns elementos principais — mas o Joe pode usá-lo para introduzir a sua visão do mundo nas suas apresentações. Ele poderia mandar o mapa por e-mail para sua equipe ou imprimi-lo e pendurá-lo na parede do escritório.

Figura 5-3

Mapa de conceito de produto final da LiveWell

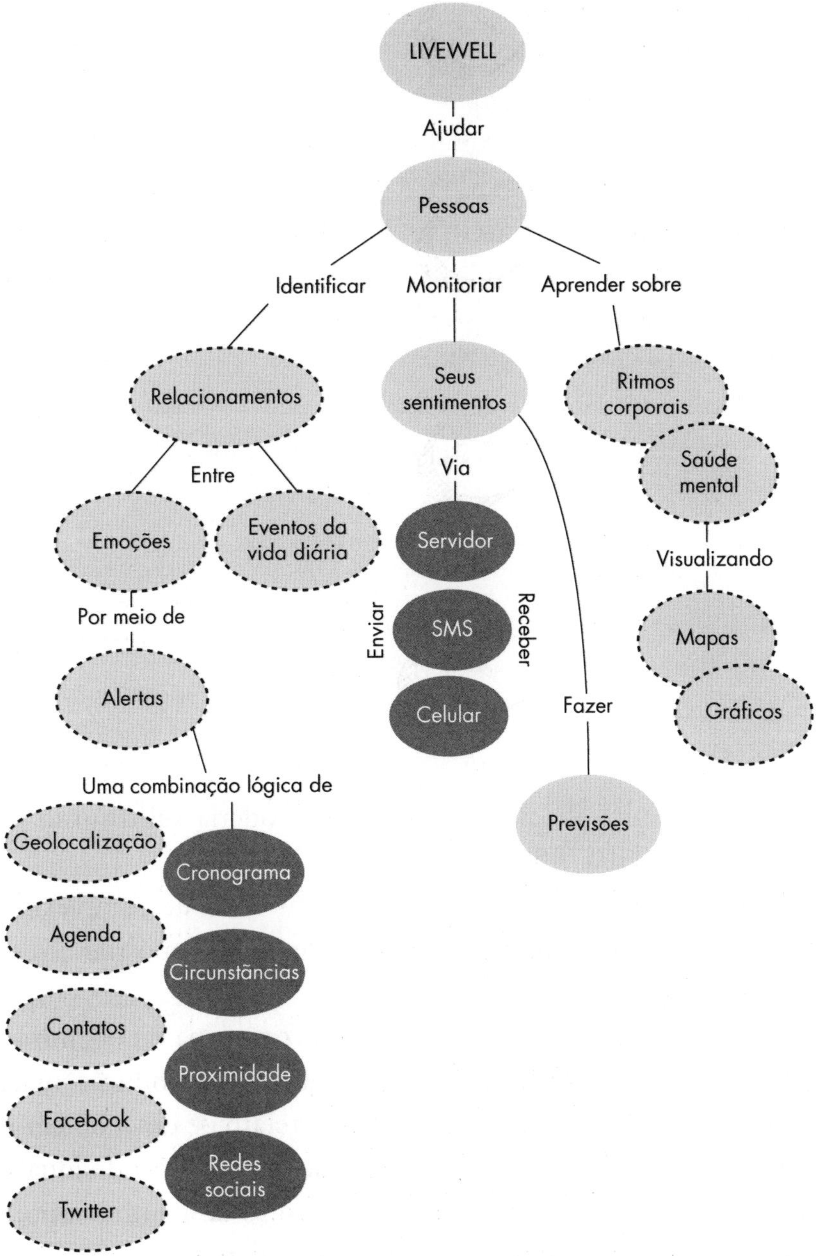

Figura 5-4

Mapa de conceito de produto simplificado da LiveWell

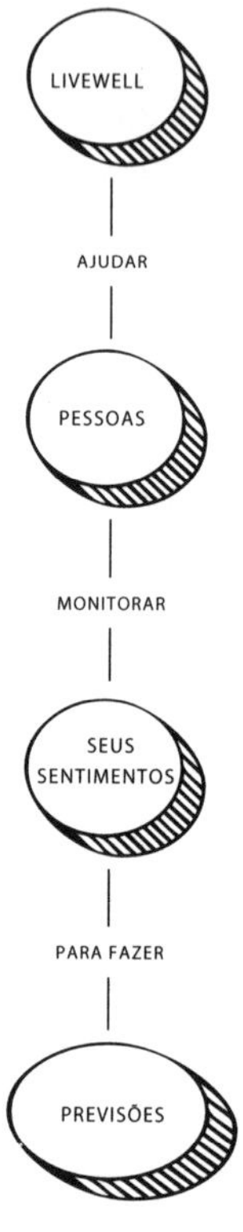

Então, dentro de algum tempo, ele poderia substituí-lo pelo mostrado na Figura 5-5.

Depois, ele poderia descrever algumas áreas de complexidade adicional. Depois de algumas semanas, ele poderia mostrar a versão da Figura 5-6.

Com o passar do tempo, Joe introduz o mapa na organização e, em cada passo, não há anúncio, revelação ou produção maciça associada com ele. No início, não é um artefato de desenho em um sentido final. Ele é lançado por meio de encontros individuais e, também, em apresentações e conversas; dentro de algum tempo, ele adquire força, porque começa a representar algo. O próprio diagra-

Figura 5-5
Mapa simplificado da LiveWell com acréscimos

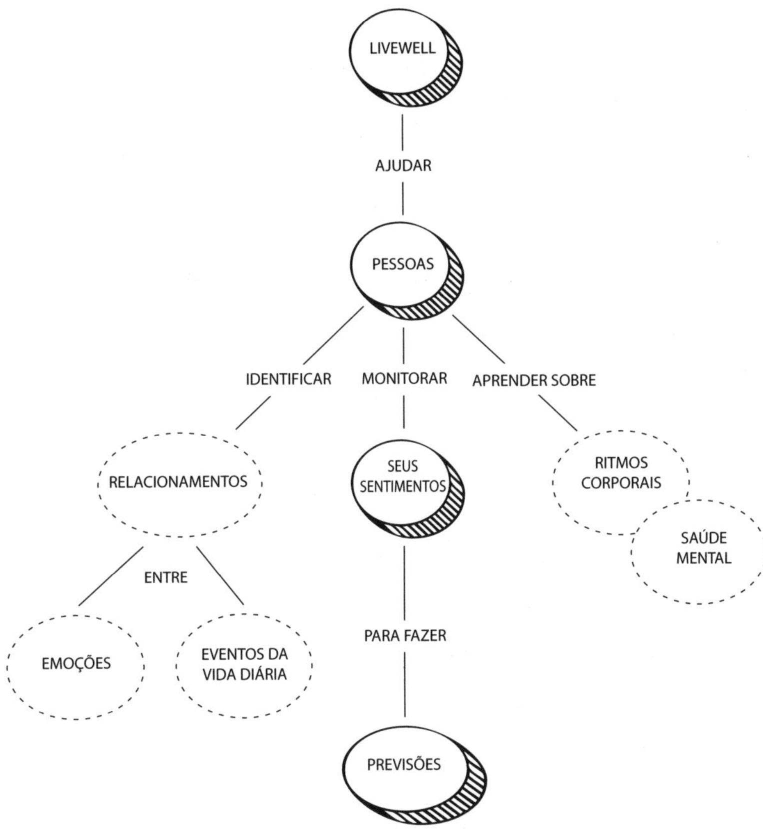

ma começa a agir como um espaço reservado para as conversas que Joe teve, a visão que ele tem do futuro, e até os papéis e as responsabilidades de cada pessoa ou de unidades de negócios inteiras.

O QUE VEM, TAMBÉM VOLTA

Em uma grande organização, pode-se pensar em um mapa de conceito de produto lançado neste estilo como um desafio ao organograma. É uma maneira de mudar efetivamente de baixo para cima, em vez de fazer isso de uma maneira autocrática. Se você usa artefatos como esse, algum dia você estará em uma reunião e alguém que você não conhece, de uma área de negócios em que você nunca teve influência, vai apresentar seu diagrama, na verdade, devolvendo-o para você. Esta é uma sensação assombrosa: o seu trabalho de produto estratégico moldou o tom do diálogo organizacional.

Figura 5-6

Mapa de conceito de produto da LiveWell com mais acréscimos

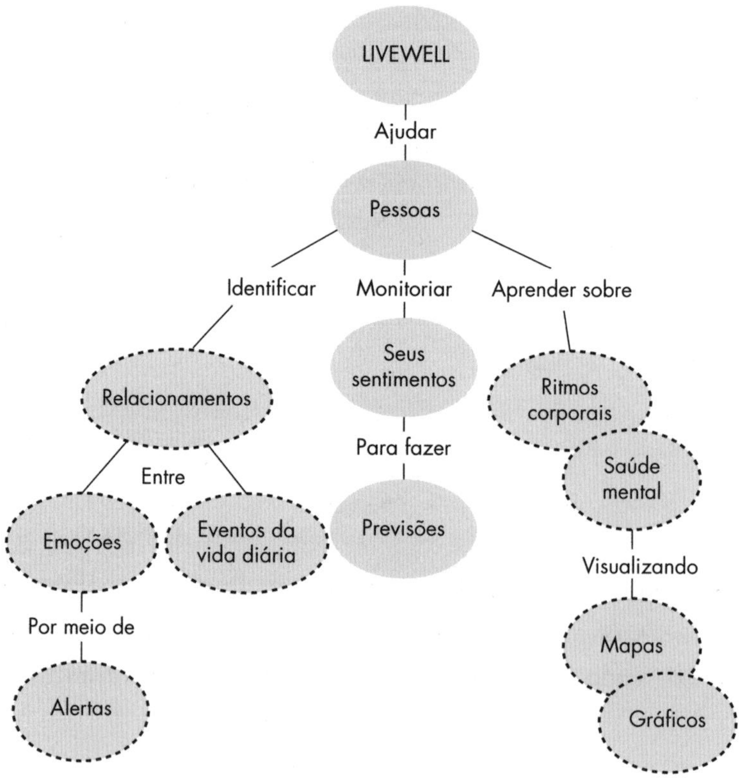

Às vezes, será preciso introduzir o mapa lentamente — durante semanas ou até meses — até que todos os vários participantes o tenham aceitado como uma linguagem comum. Dentro de algum tempo, o mapa vai se tornar parte da linguagem organizacional. Ele vai se tornar o modo em que as pessoas falam sobre o futuro. Esse tipo de introdução estratégica de uma nova linguagem de design é extremamente potente. A mudança organizacional pode ocorrer por meio do design, metódica e propositadamente.

Hugh Dubberly, que dirige uma consultoria em São Francisco, utiliza mapas de conceito regularmente no seu trabalho para explorar novos espaços de ideias. Dubberly explica: "Fazer um mapa de conceito implica esclarecer ideias, escrevê-las, revisá-las e compartilhá-las para que os outros as revisem. Neste processo, os mapas de conceito são ferramentas para pensamento, comunicação e para chegar a um acordo. Um mapa de conceito serve de uma ponte entre duas disciplinas ou dois pontos de vista. Os mapas de conceito podem ser úteis no processo de design sempre que os designers, os clientes e outros envolvidos tenham de considerar mais que um artefato simples — quando eles têm de considerar contextos, concorrentes, sistemas, comunidades ou ecologias, processos, árvores de decisão ou árvores de objetivos, ou outras estruturas de informação —, pois os mapas de conceito podem representar e explicar estas coisas".

Para Dubberly, o mapa de conceito age como um caminho para entender uma ideia, mas também para compartilhar aquela ideia com os outros: "Quando os designers enfrentam problemas difíceis ou as questões complexas e interligadas, criar um mapa de conceito pode ser um bom modo de desenvolver uma compreensão comum da situação. Do mesmo modo, os mapas de conceito podem ser um bom modo de resumir um estudo etnográfico ou uma série de entrevistas com participantes. Os mapas de conceito estabelecem o contexto ou definem a estrutura e podem fornecer indicadores para os passos posteriores no processo de design e critérios com os quais julgar os esboços posteriores ou os protótipos".[1]

ESBOCE OS FLUXOS DO USUÁRIO

Neste estágio do desenvolvimento, o seu produto parecerá incompleto. Você tem um senso do total e, se fechar os olhos, pode "ver" o produto acabado, mas a oferta do produto real ainda não está definida. Reforce o produto, esboçando os caminhos principais dele e desenhando, de fato, a interface que um usuário verá e experimentará. Esses caminhos são chamados de "fluxos de usuário" porque representam o modo como você quer que um usuário se mova pelo sistema. Há muitas telas e caminhos que não são representados nos fluxos de usuário porque esses modos de experimentar o produto não são ideais.

Comece criando uma lista de pares de atividade de substantivos e verbos, que representem todas as coisas que alguém poderia fazer com o seu produto. Pense em todo o ciclo de vida do produto, desde quando é comprado até quando é descartado. Você poderia ter uma lista de dez atividades diferentes (ver a lista de Joe na Tabela 5-3).

Tabela 5-3

Pares de atividade de substantivos e verbos

VERBO	SUBSTANTIVO
Comprar	App
Configurar	Produto
Criar	Conta
Estabelecer	Objetivo
Receber	Mensagem de texto
Enviar	Mensagem de texto
Exibir	Visualização de progresso
Fazer upgrade	Conta
Fechar	Conta
Recuperar	Senha

Agora, marque os pares de atividade que descrevem o uso do produto mais comum, idealizado, e relevante e dê um nome para o fluxo de usuário que é representado por esses itens (ver os pares e os fluxos de usuário de Joe na Tabela 5-4).

Tabela 5-4

Pares de atividade e fluxos de ações

VERBO	SUBSTANTIVO	NOME DO FLUXO DO USUÁRIO
Comprar	App	Primeiro uso
Configurar	Produto	Primeiro uso
Criar	Conta	Primeiro uso
Estabelecer	Objetivo	Primeiro uso
Receber	Mensagem de texto	Primeiro uso; uso diário
Enviar	Mensagem de texto	Uso diário
Exibir	Visualização de progresso	Uso diário
Atualizar	Conta	
Fechar	Conta	
Recuperar	Senha	

Joe identificou dois fluxos de usuário. O primeiro representa a primeira vez que um usuário usa o produto. É crucial que Joe acerte nisto, porque ele sabe que 13% dos consumidores devolvem novos dispositivos eletrônicos devido a frustrações de usabilidade com o software.[2] Ele quer que os usuários tenham uma primeira experiência excelente e, assim, tem de ser o mais simples possível para eles começarem a usar o software.

Ele também identificou um segundo fluxo de usuário que descreve o uso diário. O produto de Joe torna-se melhor a cada vez em que um usuário se envolve com ele e, portanto, ele quer garantir que acertou no processo principal de receber e enviar mensagens de texto durante o dia e que criou uma bela visualização de saúde que mostra o progresso em direção aos objetivos.

Agora, assuma o papel de narrador de histórias e, literalmente, conte uma história sobre o usuário, usando o produto para concluir as atividades que você enumerou. Descreva os passos que uma pessoa dá durante suas atividades e suponha que nada falhe nem quebre. Por exemplo, se o usuário tem de fazer login, conte uma história sobre como isso aconteceu com sucesso, não sobre alguém que esqueceu a senha. Se o usuário tiver de finalizar um pagamento, descreva como o cartão de crédito dele foi processado com sucesso, não como ele estourou o limite de crédito. Não se preocupe com os casos extremos neste ponto do processo. Além disso, seja pragmático e também inovador no seu uso da tecnologia. Descreva situações que podem ser tecnicamente desafiantes, mas não impossíveis de realizar. Deixe de fora os carros que flutuam, mas inclua coisas como tradução de fala para texto ou um aspecto igualmente difícil de implementar, se isso apoiar a sua história.

Primeiro Uso

Mary visita a App Store e clica em instalar o LiveWell Health Tracker. É feito o download do aplicativo e, depois de terminado, ela toca no ícone para iniciar o produto. Uma tela dá as boas-vindas e pede que ela confirme o seu nome, que foi importado do sistema operacional do celular. A tela também pede o endereço de e-mail dela. Ela digita essa informação e pressiona Avançar. A tela diz a Mary que LiveWell dará avisos sobre a sua saúde durante o dia e que ela pode determinar a frequência desses eventos, mas são recomendadas cinco interações por dia. Um controle deslizante permite que ela modifique isso rapidamente. Ele pressiona Avançar. O sistema pede que ela selecione um objetivo de uma lista. A lista inclui: "Reduzir minha ansiedade geral", "Perceber os eventos relacionados à ansiedade na minha vida", "Ter mais consciência da minha atividade física", "Saber quais pessoas me deixam brava" e "Aprender sobre os meus biorritmos". Ela toca em "Perceber os eventos relacionados à ansiedade na minha vida" e toca em "Concluído".

O app dá uma indicação que ela terminou e, depois, o celular toca. Ela recebeu uma mensagem de texto. Ela toca no alerta. A mensagem diz: "Como você está se sentindo agora? Responda com um número de 1 a 5, em que 5 é ótimo!" Ela toca no 4 e pressiona "Enviar". O app mostra um grande ✓ verde e exibe uma mensagem que diz: "Estamos felizes por você estar tendo um bom dia".

Uso Diário

São 20 horas, e Mary está sentada no sofá, assistindo TV. O telefone dela zumbe com um alerta do app da LiveWell. Ele diz: "Você tem um minuto para revisar o seu progresso?" Ela toca no "Sim".

A tela exibe as suas emoções mensais em um gráfico, mostrando dois períodos que parecem cair abaixo da média. Ela toca em um botão com a frase "Analisar a minha vida", e o app explica que as suas emoções parecem ficar mais sombrias todas as terças-feiras por volta das 15 horas. Ele também mostra que, com base no calendário do iOS, ela tem uma reunião às terças-feiras das 14h até as 15h com um colega específico. Na semana em que a reunião foi cancelada, as emoções dela não ficaram sombrias. "Interessante", pensa Mary.

Esses dois fluxos de usuário atuam como pontes entre uma visão de produto conceitual e uma definição de produto tática. Como histórias, eles descrevem o modo em que o produto deve se comportar, que funcionalidade deve ter, o modo em que as pessoas devem interagir com ele, o ritmo de interações, e até a posição de produto definida anteriormente.

Agora que você escreveu as histórias, dê o seguinte passo para visualizar de fato o produto: desenhe os fluxos de usuário. Não precisa criar obras de arte, nem precisa usar o software para produzir essas visualizações. Em vez disso, pegue um pincel marcador e uma folha de papel, e use formas geométricas básicas e palavras para mostrar a interface de produto. Use uma folha de papel para cada passo no fluxo de ações. (O fluxo "primeiro uso" de Joe poderia ser parecido com o da Figura 5-7.)

Figura 5-7

Fluxo de usuários do primeiro uso da LiveWell

3.

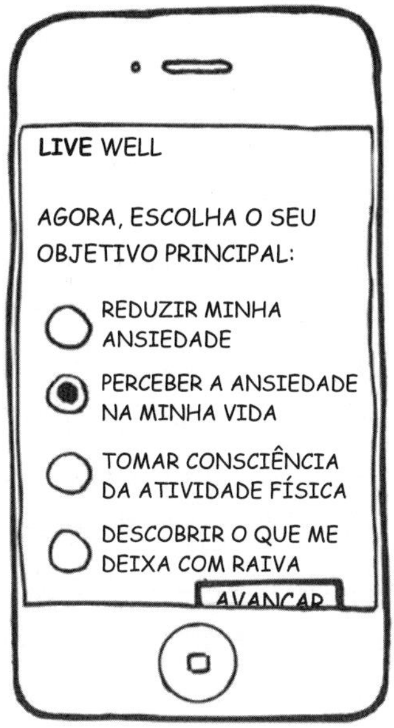

4.

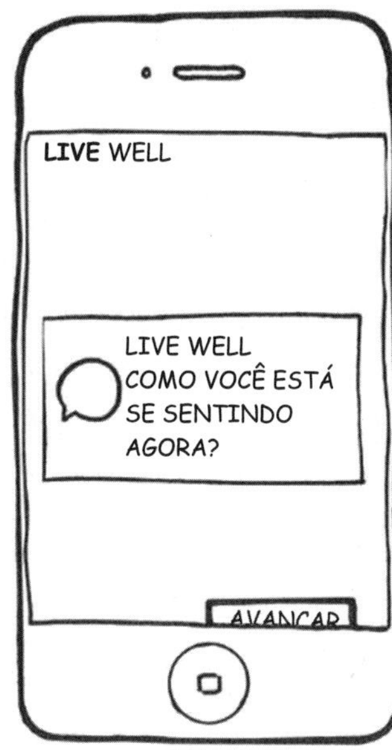

Se pensar nos fluxos de usuário no contexto do seu mapa de conceito, você começou a definir tanto a floresta como as árvores do produto. O mapa de conceito age como um guia conceitual para o modo como as peças e as partes se ajustam. Os fluxos de usuário mostram como um usuário se move pelo sistema, interagindo com as várias peças e partes para atingir um objetivo. Como no caso do mapa de conceito de produto, esboçar fluxos de usuário é um processo iterativo, e você usará muito papel antes de acertar tudo. Na verdade, acertar tudo pode não ser o melhor modo de pensar no resultado, que provavelmente será modificado enquanto você prossegue nesse processo. Em vez disso, trate estes fluxos e os esboços resultantes como artefatos de pensamento. Use-os para conceituar novas ideias, explorar caminhos diferentes e considerar alternativas.

DEFINA O AMBIENTE VISUAL

Exploramos diversas coisas que têm uma influência direta no modo como uma pessoa se sente ao usar o seu produto. Coisas como a posição de produto, a proposição de valor emocional, e até o fluxo por todo o sistema, tudo isso ajuda a dar um determinado tom emocional ao seu produto. Mas a parte mais óbvia e rica do quebra-cabeça de desenho emocional é a estética: o tom visual que é comunicado pelo seu produto por meio da cor, tipografia, composição, equilíbrio, saturação e imagem. É bom trabalhar com um designer para criar realmente os ativos do produto, mas você pode ajudar a definir a direção estratégica da estética, definindo um tom visual. Reveja a sua posição de produto e os requisitos emocionais que identificou.

Lembre-se que Joe desenvolveu estes requisitos emocionais:

Nosso produto vai conversar com o usuário com uma linguagem coloquial, natural e informal.

Nosso produto vai prever as reações emocionais negativas e oferecer formas de aliviar essas reações.

Nosso produto vai ajudar as pessoas a sentirem menos solidão e mais intimidade.

Nosso produto sempre será afirmativo.

Pense nas situações, lugares, objetos e pessoas que se relacionam a estes requisitos emocionais. Onde as pessoas conversam em linguagem natural e informal? Não em uma igreja ou em uma prefeitura; as pessoas costumam conversar casualmente nos carros, ou nos sofás, ou no parque. A solidão parece escura, mas a intimidade parece cheia de sol. A afirmação tem a ver com sorriso, não cara fechada. Tem a ver com "toca aqui", não com braços cruzados. As reações emocionais negativas parecem dias chuvosos, mas as reações emocionais positivas parecem com o topo de uma montanha ao sol. A solidão parece uma caverna. A intimidade é um abraço.

Este tipo de pensamento apoia-se muito em metáforas e similaridades. Pense sobre com o que as características emocionais se parecem, onde você as viu, ou o que elas lembram. Formalize o pensamento em um diagrama (ver a Tabela 5-5).

Tabela 5-5

Visualizar as características emocionais

O TOM VISUAL QUE QUERO VIVENCIAR É ...	O TOM VISUAL QUE QUERO VIVENCIAR NÃO É ...
Conversa casual no carro, no sofá ou num parque	Uma conversa formal numa igreja ou prefeitura
Intimidade ensolarada	Solidão escura
Sorrir	Fechar a cara
"Toca aqui"	Braços cruzados
O topo de uma montanha ao sol	Dias chuvosos
Abraço	Caverna

Agora, abstraia estas ideias em cores, formas, texturas, materiais, emoções e padrões (ver a Tabela 5-6).

Agora, desenvolva quadros visuais que mostrem o tom visual, descrevendo as cores, formas, texturas, materiais, emoções e padrões que você identificou. Navegue online e encontre imagens que combinem com essas características e as imprima. Pegue revistas e recorte as imagens que lhe tragam a mesma sensação dessas ideias. Reúna quadros físicos que mostrem todas as características e tente homogeneizar os elementos.

Tabela 5-6

Abstrações de características emocionais

O TOM VISUAL QUE QUERO VIVENCIAR É ...	AS CORES, FORMAS, TEXTURAS, MATERIAIS, EMOÇÕES E PADRÕES QUE ISSO ME LEMBRA SÃO ...
Conversa casual no carro, no sofá ou num parque	Cores suaves, tecido, simples
Intimidade ensolarada	Amarelo, quente, cor saturada, cor de pele, tons de terra, macio
Sorrir	Quente, direto, atraente, orgânico
"Toca aqui"	Cor de pele, conexão, ficar junto
O topo de uma montanha ao sol	Verde, expansivo, foco de atenção, poderoso, definitivo
Abraço	Ficar junto, quente, acolher, cor de pele

O seu designer visual usará esses quadros de tom para desenvolver a linguagem visual inicial do seu produto. Joannie Wu, designer visual da Frog Design, descreveu como usa os quadros de tom no seu processo para esclarecer conversações confusas sobre estética e emoções: "Acredito, como designers, que damos por certo que somos muito sensíveis visualmente. Muitas vezes, podemos criar a mesma imagem na nossa cabeça enquanto descrevemos verbalmente algo na conversa. Infelizmente, não é assim com a maior parte de pessoas. O poder dos quadros de humor é externalizar o que a conversa significa fora da nossa cabeça em algo real e definitivo, que reduz a ambiguidade. Eles são simplesmente um instrumento para acelerar a conversa entre dois ou mais indivíduos". Para Wu, os conjuntos de quadros de tom definem um tom temático para que uma nova conversa possa ser alinhada: "Um bom quadro de tom sempre começa com palavras-chave ou adjetivos que definem verbalmente o que você está vendo visualmente".[3]

EXPLORAR POR MEIO DE ITERAÇÃO E VARIAÇÃO

Dois dos princípios mais fundamentais do processo de design são a iteração e a variação. Eles não são a mesma coisa, mas estão relacionados. *Iteração* significa fazer modificações bem informadas em um design existente. Estas modificações podem ser provocadas por teste de usuário ou crítica. Comumente, essas modificações são provocadas simplesmente pelo ato de fazer a iteração prévia. Essa perseguição da perfeição pode ser infinita (o que deixa loucos alguns gerentes de projetos). Ao projetar software ou serviços, um designer tem um senso amplo de ideias de design, mas tipicamente não pode manter todos os detalhes na cabeça ao mesmo tempo. A iteração é o processo que lhe permite infundir este senso no trabalho e superar as limitações da sua própria memória. O primeiro passo é um esboço amplo para obter a essência da ideia. Para um serviço, isto normalmente inclui uma visão dos pontos de contato, as pessoas envolvidas, as transferências e alguns detalhes-chave. Em software, este é tipicamente o fluxo de usuário que descrevi anteriormente: o caminho principal que um usuário toma pela interface a fim de atingir seu objetivo principal. O *estímulo* para criar este quadro amplo é imaginação, e o gargalo é a capacidade de lembrar-se das diversas restrições do design.

Quando esse esboço amplo foi criado (desenhado, estruturado, codificado, e assim por diante), as novas iterações supõem a estrutura básica como fato. A iteração inicial atua como uma restrição e se torna rígida. Tudo bem refinar detalhes e extremidades, ou rever e mudar aspectos da ideia, mas a ideia em si foi solidificada. Isso é bom porque serve de uma âncora criativa. E é ruim porque agora você se sentirá dono dela e não estará disposto a deixá-la, *mesmo quando uma ideia melhor se apresentar*. Cada nova iteração serve para solidificar detalhes, e os detalhes acabam sendo dados como certos. De certo modo, eles se transformam em fatos, e fica difícil visualizar o produto sem eles.

A *variação* é um modo de acrescentar um senso de objetividade à exploração do design. A variação é uma exploração de alternativas. Onde uma iteração move uma ideia para frente (ou para trás), uma variação move uma ideia para a esquerda ou a direita, e não é produtiva em um sentido de engenharia típico porque a expectativa consiste em que todas as variações (exceto uma) serão rejeitadas. Mas as variações atuam como provocações para cenários "e se". Experimente a abordagem A-B-C-Q para a variação. A ideia é criar diversas variantes esperadas, modificando pequenos detalhes (A leva a B, B leva a C) e, depois, cria-se um salto inesperado ou surpreendente (Q). Esses saltos Q ignoram ou rejeitam propositadamente as restrições, o precedente estabelecido ou as normas sociais; a partir desses saltos Q, surgem inovações arriscadas, mas empolgantes.

F. Scott Fitzgerald disse que "o teste de uma inteligência de primeira classe é a capacidade de manter duas ideias opostas na mente ao mesmo tempo, e ainda conservar a capacidade de funcionar"[4] Embora muitas pessoas achem difícil manter ideias opostas na mente, elas acham mais fácil visualizá-las no papel ou no código e processá-las ao mesmo tempo depois disso.

Os desenvolvedores estão começando a aceitar a iteração por meio de métodos como Agile, um processo introduzido na engenharia de software nos primeiros anos do desenvolvimento da web. Esses métodos são úteis porque tratam os artefatos projetados (e desenvolvidos) como menos preciosos e mais maleáveis. Eles também são úteis para introduzir variação em um processo de desenvolvimento a fim de explorar múltiplos modos de resolver um dado problema. É extremamente benéfico alocar ciclos de desenvolvimento para a exploração da iteração e da variação. Isso não é uma perda de tempo. É como o design funciona.

RECRUTAR PESSOAS PARA A VISÃO DE PRODUTO

David Merkoski é um sócio de design no Greenstart, um estúdio de design de risco em São Francisco. Quando era diretor criativo executivo no Frog Design, ele coordenou um projeto de muitos anos para uma empresa de telecomunicações da *Fortune* 500 que tentou modificar o modo em que desenvolvia e entregava novos produtos e serviços. Trabalhei na equipe dele; criamos um artefato que era um cartaz enorme, com quase de 9 metros de largura por 4,5 metros de altura e que mostrava a progressão das soluções pontuais (e dos correspondentes silos da empresa) até a arquitetura "melhor em conjunto", baseada em serviço. Apresentamos o cartaz aos executivos no local do cliente, onde permaneceu na entrada do escritório. As pessoas não podiam deixar de vê-lo a caminho do trabalho.

Perguntei Merkoski por que ele escolheu esse mecanismo — este cartaz gigantesco, semipermanente — para apresentar a estratégia e a visão de produto em vez de usar um meio mais típico como PowerPoint ou e-mail. Ele disse: "As palavras dão poder às coisas, mas os modelos visuais lhes dão forma. Os modelos são a essência da comunicação visual porque se tornam um artefato central para o qual todos os participantes em um processo de design podem apontar e em volta do qual todos podem se reunir; todo o mundo pode construir uma compreensão concreta das ideias abstratas e complexas que estão sendo discutidas".[5] Para ele, esse cartaz gigantesco era um modelo de uma estratégia de negócios complexa e, ao pendurá-lo em um lugar público, ele pôde recrutar pessoas para aquela visão estratégica sem precisar falar com cada pessoa que passasse ali. O cartaz foi uma rica representação do pensamento complexo que levou ao desenvolvimento da própria estratégia.

O que Merkoski descreveu — fazer com que as pessoas se reúnam em volta da sua visão de produto — é a parte mais importante de todo o processo descrito até agora. Até agora você viu como desenvolver um mapa de conceito, um conjunto de fluxos de usuário e quadros de tom que representam o tom visual do seu produto. Você pode compartilhar essas representações da visão com os seus colegas e stakeholders para ajudá-los a construir a compreensão que deseja.

Imprima os artefatos e coloque-os em uma posição bem óbvia e central no seu escritório, como a entrada ou a copa. Assegure-se de que todas as pessoas da companhia os vejam, os entendam e tenham uma chance de fazer perguntas sobre eles. Depois, marque encontros formais ou encontre as pessoas informalmente e as conduza pela visão. Faça modificações imediatas, usando um pincel marcador, para capturar as novas ideias dos seus colegas e faça essas mudanças na frente deles para que eles vejam.

Encontre modos de integrar os artefatos em reuniões, apresentações e e-mails. Quanto mais as pessoas virem esses instrumentos, mais elas os tratarão como maneiras fundamentais para tomar e comunicar decisões de produto. Quando você tiver conversas com as pessoas, baseie-as em um artefato; use um dos artefatos para guiar a conversa e se refira a ele sempre em reuniões ou discussões. Forneça os arquivos originais às pessoas e as incentive a usar os artefatos no seu próprio trabalho. Ainda mais importante, incentive-as a modificar os conteúdos conforme suas necessidades.

Quando você ouve sobre empresas que estão sendo alinhadas ou que funcionam em um ritmo único, isso é o que se entende e é assim que é alcançado. Você precisa disseminar ativamente a sua visão de produto e recrutar pessoas para essa visão. Elas precisam abraçar a ideia e, para fazer isto, têm de se sentir como se tivessem participado da sua criação.

UMA ENTREVISTA COM FRANK LYMAN SOBRE A CARREIRA DE GERENCIAMENTO DE PRODUTO

Em seu papel como diretor de produção de MyEdu, Frank Lyman lidera o enfoque integrado de MyEdu para gerenciamento de produto, design, engenharia e marketing. Lyman é um executivo de tecnologia educacional experiente e formador de opinião que tem liderado a inovação no ensino superior durante mais de 20 anos. Enquanto trabalhava em John Wiley & Sons, Lyman ajudou a criar a plataforma interativa revolucionária WileyPLUS, atualmente usada por milhões de estudantes no mundo inteiro. Lyman também foi um dos executivos fundadores de CourseSmart, a plataforma líder de e-textbook. Além dos seus papéis de liderança em Wiley e CourseSmart, Lyman foi o diretor de marketing de LibreDigital por meio da bem-sucedida venda daquela empresa para a RR Donnelley, e o empregado número quatro e vice-presidente de marketing e fundador de LifeMinders, que teve suas ações negociadas na Bolsa de Valores em 1999.

Frank Lyman faleceu em 2014. Ele teve um enorme impacto positivo na educação, e os seus produtos têm sido usados por milhões de estudantes. Foi um grande mentor e um bom amigo.

FRANK, ME FALE SOBRE O SEU PAPEL EM MYEDU.

Como diretor de produção, sou responsável por juntar todos os aspectos que entram na criação dos nossos produtos. Isso inclui a pesquisa, design, gerenciamento de produto, marketing, engenharia. É essencialmente tudo, exceto vendas, finanças e operações.

COMO VOCÊ PENSA SOBRE GERENCIAMENTO DE PRODUTO? COMO O DEFINE?

O gerenciamento de produto é a função, em uma organização, que junta a iniciativa, os recursos necessários para torná-la bem-sucedida, e a implementa. Não é o lugar onde todas as ideias são geradas ou onde o conhecimento está. É o lugar que é responsável por promover os objetivos da empresa. Um gerente de produto perguntará: "Como pegamos nosso conhecimento, o que sabemos e o que aprendemos como organização e, de fato, construímos produtos e serviços para promover os objetivos da empresa?" Isto é diferente para cada companhia. Quando trabalhava na publicação de livros universitários, um gerente de produto era chamado de editor de aquisições. Na Procter & Gamble, fui gerente de marca assistente. Tudo isso é gerenciamento de produto.

Na P&G, a minha equipe de marca tinha aproximadamente quatro gerentes de marca assistentes e um gerente de marca, e tínhamos objetivos abrangentes para a marca. Trabalhei com a marca Cheer que, na época, tentava se diferenciar da marca Tide, que também era da P&G. Tínhamos de ficar com um preço superior, mas tivemos de construir uma proposição de valor diferente, que foi manter por mais tempo as cores da roupa colorida. Cada um dos gerentes de marca assistentes tinha várias iniciativas que tínhamos de estimular, com base no que achávamos que funcionaria para a marca. Eu era responsável por um plano de cálculo de preço revisado para as principais unidades de estoque da Cheer, e tive de analisar os dados de pesquisa de cliente, pesquisa de vendas e pesquisa de embalagem. Eu tinha de juntar toda essa pesquisa, criar um plano, conseguir apoio para isso, e fazê-lo. Cada um dos gerentes de marca assistentes tinha iniciativas como essa.

Na época, eu estava trabalhando com alguns colegas que trabalhavam no New Tide. Eles criaram o Tide with Bleach (Tide com branqueador), que agora vende mais do que o Tide, escutando clientes e vendo o que estava acontecendo no mercado competitivamente. As pessoas usavam Oxyclean, que era uma solução baseada no peróxido de hidrogênio e que deixava as roupas brancas mais brancas. Os gerentes de marca juntaram a ciência, feedback de cliente, ambiente competitivo, feedback de vendas, embalagem e criaram uma marca chamada Tide with Beach para a iniciativa, que deu origem a uma marca de um trilhão de dólares. Isso é o que os bons gerentes de produto fazem. Eles encontram oportunidades e organizam os recursos necessários para serem bem-sucedidos.

ESSE É UM CAMINHO BEM VARIADO: DE DETERGENTE A VENDAS DE LIVROS DE ENSINO E A SOFTWARE EDUCATIVO. VOCÊ ESTUDOU GESTÃO DE MARCA NA ESCOLA?

Não, ninguém faz isso. Eu estudei inglês na graduação, o que é muitíssimo útil para um gerente de produto porque uma boa parte do sucesso tem a ver com ser um bom comunicador. A P&G sempre diz que "contrata pessoas que podem recrutar outras para uma visão". Isto é um desafio de comunicação. Você pode ter pessoas que são tecnicamente muito sofisticadas, têm boas ideias e são competentes, mas que não têm sucesso como gerentes de produto porque ninguém quer segui-los — porque não são comunicadores eficazes nem colaboradores.

Alguns programas de MBA concentram-se em coisas como marketing e ensinam gerenciamento de produto e princípios centrais de marketing. Esses programas têm muita sobreposição com o gerenciamento de produto. Mas não sei se alguém tem um curso de gerenciamento de produto, ou se alguém oferece um diploma em gestão de produto. Isso ainda tem de se cristalizar como uma função acadêmica.

QUE HABILIDADES INDICARIAM A ALGUÉM QUE É ELE BOM NESSA COISA QUE ELE NEM SABIA QUE EXISTIA E QUE NÃO PODE ESTUDAR?

Um dos programas mais interessantes é o programa de gerenciamento de produto associado no Google. O Google procura pessoas na organização de engenharia que tenham boas ideias e sejam líderes. Então, o Google diz: "Queremos que você seja gerente de produto associado, vamos treiná-lo no que isto significa no Google e o encarregaremos de coisas como o Gmail". Aquele produto foi liderado por um gerente de produto associado. Os melhores produtos que Google criou saíram daquele programa. Isso é único para cada empresa.

Na John Wiley & Sons, onde fui editor de aquisições, era muito importante identificar vendedores que fossem capazes não somente de vender livros, mas também de ter uma conversa com um professor e convencê-lo a se tornar um autor. Uma das funções como um representante comercial era descobrir os professores que pudessem escrever livros. Como um representante comercial, eu era bom nisso. O meu pai foi professor. Eu estava à vontade com acadêmicos; estava à vontade a estranha visão do mundo que a maioria dos acadêmicos tem e me sentia bem ao me envolver em uma conversa em que eu me comportava como um bom estudante. Eu podia estabelecer uma relação com eles, dizendo: "Você devia pensar em ser autor", e podia contar uma história que deixasse um autor empolgado. Na Wiley, o nosso produto era *"acadêmicos que possam escrever um livro de ensino"*. Portanto, quem era bom em ver as oportunidades de autores se tornaram gerentes de produto.

ALGUMAS HABILIDADES QUE VOCÊ MENCIONOU INCLUEM LIDERANÇA, VISÃO OU CARISMA. QUE OUTRAS HABILIDADES VOCÊ ACHA QUE UM GERENTE DE PRODUTO DEVE TER?

Ampla credibilidade. Há uma arte em ser amplamente crível. Não quer ser visto como um generalista, mas quer ser capaz de tomar parte em uma conversa com um perito técnico de um modo produtivo. De outra maneira, as pessoas deixarão de vir falar com você.

Considere a equipe de embalagem em empresas de bens de consumo como a P&G. A embalagem é uma ciência tão exata; quando estive lá, fiquei fascinado com isso. A P&G estava fazendo o seu primeiro produto de três idiomas, antecipando-se à NAFTA (Acordo de Livre Comércio da América do Norte), e quis ter uma unidade de manutenção de estoque no Canadá, México e Estados Unidos. Como poderíamos colocar três idiomas em um só pacote? O problema foi fascinante para mim; é muito técnico. Fiquei feliz por me envolver com isso e fiquei intelectualmente curioso; isso me deu uma ampla credibilidade. A mesma coisa acontece aqui em MyEdu. Quando falo com um engenheiro sobre o movimento de certa parte de dados de SQL em Mongo, não é algo sobre o qual sei muito, mas estou disposto e sou capaz de me envolver em um nível crível. Isto é crucial para gerentes de produto. Você pode perder um público se for desinteressado ou se não conseguir acompanhar o grupo. É difícil ser a cola entre todas aquelas especialidades.

PARECE QUE A AMPLA CREDIBILIDADE ESTÁ RELACIONADA À LENTE PELA QUAL VOCÊ VÊ O MUNDO E EM ESTAR INTERESSADO EM TROCAR DE LENTES PARA VER O MUNDO DE OUTRA MANEIRA. UM GERENTE DE PRODUTO PODE COMEÇAR COM UMA LENTE MELHOR OU PIOR?

Não. Eu já vi gerentes de produto vir de vendas, engenharia e de garantia de qualidade. O design de interação é um bom lugar para começar. Vendas, marketing — você pode vir de quase qualquer lugar. Depende mais da empresa em que você está; no Google, uma cultura de engenharia, é provavelmente melhor se você vier da engenharia. A Prentice Hall, onde comecei a minha carreira, é uma empresa orientada para vendas, portanto é melhor se você tiver credibilidade em vendas.

E AS ARTES LIBERAIS? PENSANDO NOS MILHÕES DE ESTUDANTES UNIVERSITÁRIOS QUE ESTÃO IMAGINANDO EM QUE ÁREA VÃO TRABALHAR, VOCÊ DIRIA QUE O GERENCIAMENTO DE PRODUTO É UMA DIREÇÃO VIÁVEL PARA ELES?

Posso ver de fato isto acontecendo com uma das especialistas em mídias sociais que contratei aqui na MyEdu. Ela aproveitou suas habilidades de redação para entrar aqui e agora está aprendendo algo mais aplicado nos primeiros estágios da sua carreira: marketing de e-mail e marketing direto. Ela também está aprendendo o que é preciso para que algo vá de uma ideia e se torne uma iniciativa realizada com sucesso. As ideias são baratas. Essa é a essência de ser um gerente de produto. As ideias não são nada. Isso não é P&D. É só D. Você é medido pela execução. Com um amplo histórico de artes liberais, você pode encontrar um emprego onde pode ir mais fundo em um lugar e se especializar... Alguns graduados em artes liberais acabam sendo especialistas técnicos pelo resto das suas carreiras. Eles poderiam estar em algo como redação técnica, publicidade ou redação de marketing criativo. Às vezes, as pessoas nunca deixam a área inicial que encontraram e na qual são bons. Às vezes, as pessoas reconhecem que têm uma habilidade mais ampla e que é mais conducente a algo como gerenciamento de produto.

FALAMOS SOBRE GERENCIAMENTO DE PRODUTO EM GERAL. VOCÊ PODE FALAR UM POUCO SOBRE GERENCIAMENTO DE PRODUTO, ESPECIFICAMENTE? VOCÊ PODE DESCREVER DECISÕES DE PRODUTO ESPECÍFICAS QUE, EM RETROSPECTO, FORAM FUNDAMENTAIS OU CRUCIAIS?

Quando estava na CourseSmart, a nossa maior decisão de produto foi sobre como tratar os dispositivos móveis. Uma das coisas que faz CourseSmart ser bem-sucedida é que ela tem um grande catálogo de títulos porque adota o menor denominador comum de tecnologia. Toda editora pode colocar o seu conteúdo impresso na plataforma da CourseSmart sem hesitação porque criamos algo chamado Fidelidade de Página. Construímos uma imagem da página impressa, com uma camada de AJAX em cima dela. Parecia-se com um PDF, mas era dinâmico. Tinha o nível certo da gestão de direitos digitais (DRM) com que as empresas se sentiam bem. Portanto, tínhamos uma plataforma realmente escalonável, com dez mil manuais nela. A Apple tinha acabado de lançar o iPhone e dava sinais de querer realmente um conteúdo educacional mais rico na sua plataforma para futuros desenvolvimentos. Alguns dos meus amigos na Apple disseram: "Pessoal, vocês devem mesmo fazer um app".

Mas o modo em que o nosso produto funcionava era um grande desafio em um celular. Era uma série de imagens, todas unidas e, quando encolhidas no celular, eram muito difíceis de ler. E tínhamos duas razões pelas quais não queríamos passar a um texto adaptável a diversos dispositivos, como é o caso do Kindle. Em primeiro lugar, os livros de ensino precisam de layout porque têm diagramas e tabelas. E o mais importante é que tínhamos considerações de DRM.

Assim, as editoras hesitaram em fazer qualquer coisa no iPhone. Eles estavam muito à vontade com a plataforma existente e disseram: "Não mexam com isso". Mas eu tinha muita convicção. Na época, Chegg tinha acabado de gastar US$6 milhões para conseguir estudantes para o Textbook Renter, e eu estava competindo com o Textbook Renter. Mas eu não tinha todo aquele dinheiro para gastar. Eu precisava usar alguma coisa nova.

Eu tinha uma sensação forte que os livros digitais de ensino em um iPhone seriam um grande êxito de relações públicas e chamariam atenção. Isso também nos estimularia a sermos mais inovadores na nossa plataforma, o que é difícil de fazer quando você é um empreendimento conjunto. Consegui convencer meus colegas na CourseSmart com a minha ideia e, embora fosse um pouco arriscado, fizemos a nossa apresentação para a Apple.

A Apple nos deu interfaces de programação de aplicativos especiais (APIs) e acesso imediato ao kit de desenvolvimento de software (SDK), e nos ajudou a fazer uma boa parte do material. A Apple nos conectou com um desenvolvedor que poderia fazer a tarefa, pois isso aconteceu no início do desenvolvimento de apps para iOS. Nós esticamos o orçamento e criamos livros digitais de ensino para o iPhone.

Fizemos algumas pesquisas com estudantes e percebemos que os estudantes não iam ler textos longos em um iPhone. O que eles queriam era olhar para um só diagrama, número ou gráfico. Eles estavam indo para um exame e estavam revendo ou se concentrando naquele quadro de resumo ou diagrama. Isso nos deu a convicção de que os estudantes realmente queriam isso. Eu sabia que teríamos muitas reclamações como: "Ninguém leria isto, é muito pequeno, não parece com Stanza" — que era o app de ebook que o iPhone tinha na época. Mas sabíamos que tínhamos o apoio dos estudantes, porque era isso que eles queriam. Então, nós o desenvolvemos. Conseguimos que a Apple apoiasse o press release, e persuadimos o *The Wall Street Journal* em fazer uma primeira página exclusiva sobre editoras que estavam levando livros digitais de ensino para o iPhone.

E isso arrasou. Isso pôs o CourseSmart no mapa. Também nos estimulou a sermos mais inovadores na tecnologia, e a CourseSmart agora tem uma liderança em HTML5 que começou com o compromisso de estar no iPhone. Isso não era o que o nosso conselho queria fazer, então, para conseguir que fosse feito, tivemos de convencer as pessoas na nossa organização e fazer com que apoiassem a ideia. Mas depois de lançarmos e vermos as críticas positivas, as pessoas nos deram muito apoio.

VOCÊ DISSE QUE GANHOU CONVICÇÃO EM UMA GRANDE E AMPLA DECISÃO ESTRATÉGICA DE PRODUTO: ATUAR EM DISPOSITIVOS MÓVEIS. COMO VOCÊ SABIA QUE ERA UMA BOA IDEIA?

Eu alternei entre o meu cérebro racional que dizia: "É isso que a concorrência está fazendo, é isto que os dados dizem que os clientes querem", e as minhas intuições emocionais de que "isso terá impacto. Ninguém disse que queria isso, ninguém fez isso antes, mas eu olho e penso que terá impacto". Para mim, tipicamente, a grande ideia não é a minha ideia. É algo que alguém põe na minha escrivaninha. Simplesmente tenho uma reação repentina que terá impacto. Não fiz nenhuma análise profunda dela. Em vez disso, eu me conectei emocionalmente à ideia. E isso acontece em pequena escala. Estou emocionalmente conectado ao fato que essa funcionalidade deve fazer X, Y e Z. Um pouco disto vem de ter um senso de confiança. Enquanto algumas pessoas são naturalmente confiantes, outras pessoas têm confiança porque fizeram isso por muito tempo. Você tem de ter confiança para tomar essas pequenas decisões. Você tem de ter confiança no seu processo de tomada de decisão. Mente racional ou mente emocional: você tem de tomar decisões ou não progredirá.

A MAIOR PARTE DESTA IDEIA DE "SER A COLA" PARECE AJUDAR TODOS A AVANÇAR E TOMAR DECISÕES.

Sim, tem a ver com ajudar todo mundo a avançar. E estabelecer uma cultura onde pequenas coisas podem ser modificadas sem abandonar a grande ideia. Os teólogos não são bons gerentes de produto. O diretor de tecnologia de uma empresa com a qual trabalhei era um teólogo. Ele dizia: "É assim que isto é feito". E ele não aceitava que não fosse feito exatamente daquele jeito. Trabalhei com algumas pessoas em outra empresa que eram desse jeito em relação às práticas de desenvolvimento Agile. Elas diziam: "Não é assim que se faz no Agile. E nós usamos Agile". Eu dizia: "Como assim, pessoal? Não podíamos fazer deste jeito hoje, só para terminar a tarefa?".

Se você for um teólogo, não terá sucesso como gerente de produto. Há muitos compromissos. Avançar e tomar decisões práticas, de compromisso, e trabalhar com muitos teólogos. Muitas pessoas chegam a um alto nível em uma área técnica e são apaixonadas sobre a prática e a arte do que fazem. Os gerentes de produto têm de trabalhar com eles. Os diretores criativos são famosos por isso. Como gerente de produto, é você que tem de preencher a lacuna.

O QUE ACONTECE QUANDO VOCÊ TENTA AVANÇAR E COMETE UM ERRO?

Quando você comete um erro de produto, você gasta valor. Se a chave inteira do seu êxito for, "Estou disposto a seguir o caminho aberto por aquele cara", e o caminho não levar a lugar nenhum, você volta atrás e diz: "Esse não era o caminho certo", mas você só tem algumas possibilidades. Algumas pessoas são melhores do que outras em reconhecer isso, corrigir os erros e fazer com que as pessoas lhe deem um desconto. Você tem de voltar atrás e dizer: "Foi por isso que pensei que fosse o caminho certo, mesmo que alguns de vocês não pensassem que fosse o caminho certo, mas me seguiram de qualquer maneira. Foi isto o que aprendi ao seguir este mau caminho. Não vou dizer que não acontecerá novamente, mas não farei esse erro de novo".

Os bons gerentes de produto não são dramáticos demais sobre os seus êxitos ou fracassos. Eles dizem: "Está bom, fizemos isso, funcionou, não funcionou". Há uma linha fina entre reconhecer que as coisas não funcionaram e não se estender nisso, e defender as escolhas que fez para não ficar tão mal como realmente está. Simplesmente aceite e vá em frente: "Não funcionou. Isso nos custou 90 dias. Tentarei não fazer isto novamente". É uma mentalidade de arremessador substituto. Bateram em você ontem; você volta hoje e esquece o que passou.

QUANDO VOCÊ TOMA DECISÕES DE PRODUTO, PARECE QUE ESTÁ CONSTANTEMENTE ATENTO AOS DADOS QUE VÊM DAS PESSOAS NO TRABALHO E NO MERCADO, E DOS USUÁRIOS. COMO VOCÊ EQUILIBRA OS DADOS QUANTITATIVOS E QUALITATIVOS QUE CHEGAM?

Sou um grande fã de padrões. Um dos nossos gerentes de produto montou uma pequena visualização das melhores escolas e perfis em MyEdu, com base nos mesmos dados que nossa equipe de inteligência de negócios usa. O insight que tive nos 30 segundos daquela página foi infinitamente maior do que os montes de dados pelos quais eu estava navegando naquela mesma fonte de dados. Eu gosto quando os dados têm um padrão e gosto de passar bastante tempo com os dados para ver o padrão ou de estar perto de pessoas que sejam boas nisso.

Parece-se com uma curva normal do tempo. Algo que parece simples pode ser realmente algo difícil de fazer com que as pessoas entendam, convençam-se e apoiem se não tiverem passado pela montanha. Mas, do outro lado, é simples novamente. É a simplicidade do outro lado da complexidade.

Na Procter & Gamble, mesmo em 1997, eu tinha dados de preços no meu computador de cada loja de varejo no país, amostras estatisticamente significantes com que eu podia fazer regressões infinitas. Eu ficava lá a noite inteira fazendo estatísticas t, tentando compreender porque a unidade principal de manutenção de estoque da Cheer estava perdendo participação de mercado para marcas de menor preço de um modo que o Tide não perdia. Eu estava inundado pelos dados. Essa foi a primeira vez em que ouvi a expressão "paralisia de análise". O meu chefe da época disse isso e sugeriu que eu fosse falar com os pesquisadores qualitativos, que tinham feito um estudo de preços em mercearia. Quando falei com eles, caiu uma ficha que abriu todo o padrão para mim.

Os pesquisadores tinham feito um estudo — não se esqueça de que estamos falando de 1997 — que mostrava que os clientes das mercearias recusavam-se a pagar US$10 ou mais. Eles tinham um bloqueio mental que dizia: "Não quero passar US$10 em nada na mercearia", e eu acho que isso ainda existe, 17 anos depois. Nossa principal unidade de manutenção de estoque tinha passado para US$9,99, e o Tide também. Mas o Tide tinha mais descontos e mais cupons dos próprios varejistas, então o preço dele era US$9,99 ou ainda menos, embora o valor líquido para nós fosse o mesmo. Os varejistas iam de US$9,99 para US$8,99 no Tide, mas não faziam isso no Cheer. Eu podia ver as flutuações de preços nos dados que tinha, mas não via o comportamento do consumidor relacionado à questão de preços. Eu tinha muitos dados que não me mostravam nada e, de repente, vi isso com novos olhos.

Nós agimos de modo simples. Fizemos cupons de alto valor. Fomos contra um efeito emocional de um preço de US$9,99 com outro efeito emocional. P&G nunca tinha feito um cupom de um dólar. Nós tivemos o contraefeito: "Uau! Um dólar de desconto!" e isso era muito para um cupom. E funcionou. Cobrimos a lacuna de vendas daquele trimestre, e a ideia foi eficaz para gerar mais receitas. Contrariamos a ótica daquele preço com a ótica de outro preço.

O caso é que o problema foi difícil de ver na complexidade de dados analíticos. Tive de ir buscar a solução fora, e não sabia o que procurar até que tive aquele insight com a equipe de pesquisa.

ENTÃO, PARTE DO TRABALHO É COMO SER UM DETETIVE?

Sim. Eu tinha um amigo que costumava dizer que era como ser um agente da CIA. Você recebe todos estes dados e tem que juntar tudo. Qual é o quebra-cabeças? Com que ele se parece?

Ou eu crio tempo para que eu mesmo faça isso ou tento estar perto de pessoas que estejam fazendo isso Elas não me trazem soluções simples que estão na aurora da complexidade; trazem-me soluções simples que são os resultados das noites em claro da análise.

Entretanto, algumas pessoas trazem esses dados no meio da análise, dizendo: "Olhe toda esta complexidade que identifiquei". Mas isso não é útil. Em vez disso, tem tudo a ver com o que você produz na outra ponta. Tem de encontrar essas pessoas e trabalhar com elas. Não tenho de ter todos os insights. Elas produzirão afirmações realmente simples, mas há uma enorme análise que lhe diz tudo a respeito disso. Estar perto das pessoas que são boas na obtenção de insights simples aumenta a minha capacidade de tomar boas decisões de produto. Se tiver insights simples, você pode tomar decisões de produto melhores.

O QUE VOCÊ VÊ COMO A DIFERENÇA NAS DECISÕES DE PRODUTO TOMADAS POR DESIGNERS EM COMPARAÇÃO COM AS TOMADAS POR ENGENHEIROS OU PROFISSIONAIS DE MARKETING?

O que é interessante para mim, como um gerente de produto, é toda a ideia do design empático. As pessoas lhe dirão que "Eu projeto para os clientes, passo o meu tempo com os clientes, eu realmente entendo os clientes". Eu tinha um professor maluco na escola de comércio que dizia coisas como: "Não usamos o suficiente a palavra amar nos negócios. Você ama as pessoas com quem trabalha? Você ama os clientes para quem fornece soluções?" As pessoas que são excelentes nessas coisas, os maiores líderes empresariais, são capazes desse sentimento.

O *design* empático é uma abordagem mais vulnerável ao pensamento a respeito de como desenvolver produtos. Ele diz: "Estou disposto a me ocupar mais profundamente com estes clientes e realmente empatizar com eles". É uma mentalidade de se colocar no lugar do outro.

Na P&G, houve uma apresentação criativa. Eles me perguntaram: "O que pensa do texto do anúncio impresso?" Eu disse: "Ah, eu gostei dele". Então alguém disse: "Nenhum de nós se preocupa com o que você pensa. Frank, quantas vezes você lava roupa em uma semana?" Eu disse: "Uma?" E a pessoa respondeu: "Bem, uma mãe com quatro filhos lava 10 vezes. Não nos importamos com o que você pensa. Nós nos preocupamos com o que uma mãe de quatro filhos pensa sobre isso, e se você não souber o que ela pensa, encontre algumas e pergunte a elas". Veja o Swiffer. Isso foi criado quando eu estava lá, com a ideia de que precisávamos de novos produtos e tínhamos de inovar. Então, o grupo de inovação fez visitas em casa dos clientes. Eles observaram as pessoas e viram que elas pegavam uma toalha de papel Bounty quando ela saía da secadora e a prendiam em uma vassoura ou rodo e a arrastavam pelo chão porque ela tinha estática e segurava o pó. Os participantes estavam falavam sobre como era importante tirar cada grão de pó dos assoalhos de madeira. O grupo de inovação voltou e disse: "Estas pessoas fazem questão de tirar todo o pó dos seus assoalhos de madeira. Como podemos ajudar?"

Aprendi a lição de que o verdadeiro design empático é onde estão as grandes ideias. E os gerentes de produto querem estar associados com grandes ideias. Os bons não querem estar nas margens. Acolher a humanidade é o que leva a ótimos produtos. Não apenas bons produtos, mas produtos ótimos, revolucionários, que mudam o jogo. Acho que isso é algo que veio da comunidade de design. Não é fácil de fazer. Não é rápido. Não é barato. Não é algo com que todo mundo está à vontade.

6

expedição

Joe está na correria. A equipe dele se comprometeu com uma data de lançamento e ele está tentando fazer o máximo possível no tempo mais curto possível. Ele se sente tentado a pegar atalhos e fica lembrando a si mesmo — e aos colegas — sobre a importância de refinar os detalhes e produzir algo de que possam realmente se orgulhar.

Ele sente que alguns na equipe estão frustrados. Foi uma série de noites longas e, embora Joe tenha uma imagem mental do sistema concluído, há uma grande diferença entre as suas aspirações e a realidade. Ele fecha os olhos e pensa em como pode ajudar melhor todos os outros a verem a linha de chegada, mesmo que ela ainda esteja distante.

CONSTRUÇÃO E USO DE UM ROTEIRO DE PRODUTO

Você entendeu o que vai construir e criou artefatos como o mapa de conceito de produto, fluxos de usuário e quadros de tom — para ajudar as pessoas a entenderem e acreditarem na história do produto. Há uma segunda história que tem de ser crível também: como você pretende construir o produto e entregá-lo. Como gerente de produto, você defenderá um roteiro de produto, que é um instrumento visual que oferece uma visão avançada de capacidade e modificações de estratégia. Você vai usá-lo para gerenciar e comunicar a complexidade das decisões de produto, e também para fornecer a visibilidade sobre como suas táticas atuais levam a objetivos maiores e mais amplos. Você também usará o roteiro como um modo visual de obter consenso e ter conversas sobre o produto com apoio no roteiro; ele se tornará um modo de ajudar os outros a acreditarem numa visão do futuro.

Um roteiro de produto é uma linha de tempo horizontal. A duração que você incluirá vai depender do público do roteiro, mas um período de três a seis meses é realista. Se você tentar prever além de seis meses, sua narrativa vai começar a parecer menos crível. Em particular, em uma *startup*, seis meses podem incluir um evento de liquidez inesperado ou um redirecionamento completo da empresa. Embora pareça semelhante a um diagrama de Gantt, o roteiro de produto não é um instrumento de gerenciamento de projetos, portanto não é útil para traçar coisas a um nível diário ou de hora em hora. Você não será capaz de rastrear as coisas nesse nível de detalhe. Em vez disso, o mapa proporciona uma imagem ampla de como um produto ganhará vida com o tempo.

Os componentes principais no roteiro são blocos de capacidade. Cada bloco representa um esforço de construção, atuando como uma abstração de atividades de desenvolvimento. Um bloco é tipicamente mostrado como um retângulo, em que a largura do retângulo descreve quanto tempo o esforço de desenvolvimento levará.

Muitas vezes, os roteiros de produto têm raias de natação: seções horizontais que descrevem, organizacionalmente, quem é responsável por certa atividade de desenvolvimento. Se você só tiver algumas pessoas escrevendo código, cada raia de natação pode ser uma única pessoa. Se tiver alguns grupos de desenvolvedores organizados em equipes ágeis, cada raia pode ser uma equipe. E se tiver uma grande empresa, cada raia pode ser uma unidade de negócios inteira.

A parte final de um roteiro é a mais importante, mas é a mais difícil de visualizar. Conforme a capacidade é desenvolvida em blocos, os blocos são reunidos para permitir objetivos de negócios e de usuário maiores. O roteiro de produto deve mostrar como uma funcionalidade está ligada a esses objetivos e deve unir visualmente os pontos para mostrar a importância estratégica de construir certas coisas em uma sequência.

COMECE CONSTRUINDO UMA LISTA DE CAPACIDADES

Construa o roteiro de produto em fases. Em primeiro lugar, pense no produto no seu estado mais completo — com todos os recursos e detalhes — e enumere todas as capacidades permitidas pelo produto. Use os seus pares de verbos e substantivos dos fluxos de usuário como um ponto de partida, mas amplie-os para incluir tanto o que uma pessoa fará com o sistema como o que o sistema fará por si mesmo. Esta é a sua lista de capacidades.

Lembre-se da afirmação de insight de Joe: *As pessoas geralmente percebem o stress nos seus empregos, mas não percebem o stress especificamente em nenhum dado momento ou dia. Elas sentem a carga emocional cumulativa de stress só depois que é tarde demais para fazer algo a respeito.* ***Deve haver um modo de as pessoas verem as mudanças diárias em seu stress, para que possam ajustar seu comportamento de modo contínuo.***

Com base na afirmação de insight, ele criou uma série de artefatos de design de produto para poder criar uma lista de capacidades parecida com esta:

- Enviar mensagens de texto.
- Receber mensagens de texto.
- Puxar dados de atleta do Nike+.
- Puxar dados de atleta do Fitbit.
- Puxar dados sociais do Facebook.
- Puxar dados sociais do Twitter.
- Criar visualização de insights.

Além dessas capacidades que atingem diretamente o valor de usuário, também há uma série de capacidades de manutenção que são importantes e devem ser incluídas:

- Assinar
- Login e autenticação
- Transação e comércio eletrônico (processamento de cartão de crédito)

Essas capacidades são consideradas de manutenção porque não exigem necessariamente inovação nem pensamento criativo. Você precisa levá-las em conta no roteiro porque elas necessitarão de recursos de desenvolvimento e tempo.

Em primeiro lugar, ignore o tempo.

Crie um primeiro esboço de seu roteiro. Em uma grande folha, orientada horizontalmente, desenhe uma linha de tempo, mas não rotule as unidades de tempo. Pense nelas como um segmento genérico do tempo. Use notas de Post-it para representar cada capacidade; assim, você poderá movê-los no roteiro. Crie uma nota de Post-it para o estado final quando todas as suas capacidades estiverem implementadas. Rotule-a "versão 1.0" e embaixo escreva "Toda a lista de capacidades implementada". Coloque a nota de Post-it no extremo direito do roteiro.

Desenhe linhas horizontais para indicar as raias de recursos de engenharia que você pode utilizar. Se a sua companhia tiver três desenvolvedores que trabalham na sua equipe, faça três linhas. A menos que você seja diretamente responsável por coordenar os desenvolvedores, não ponha nomes nas linhas: a decisão de alocação de recursos provavelmente não é sua. Mais tarde, você vai trabalhar com o coordenador de engenharia para identificar quem faz o que. Por enquanto, só identifique o número de pessoas que você e que podem trabalhar em paralelo.

Agora, escreva cada capacidade da lista em uma única nota de Post-it e coloque cada nota no roteiro, em uma sequência e agrupamento que façam sentido. Por exemplo, parece lógico que o desenvolvedor que cria a capacidade do sistema de enviar mensagens também deva criar a capacidade do sistema de receber mensagens, portanto essas capacidades podem estar agrupadas na mesma linha. Essas capacidades são esforços distintos, portanto têm de ser priorizadas; um tem de acontecer antes do outro.

A arte e a ciência de gerenciar um roteiro é identificar a capacidade como um item discreto e agrupável, juntando-o com outros itens semelhantes e priorizando a sequência de itens em relação um ao outro. Conforme você examina cada capacidade, compare-a com a sua proposição de valor e se pergunte: "É possível alcançar a proposição de valor sem esta capacidade?" Se a resposta for sim, desloque a capacidade para a direita. Se a resposta for não, desloque-a para a esquerda. Os itens à esquerda têm prioridade mais alta e, portanto, são concluídos primeiro. O esboço de roteiro de Joe é mostrado na Figura 6-1.

Figura 6-1
Esboço de roteiro de Joe

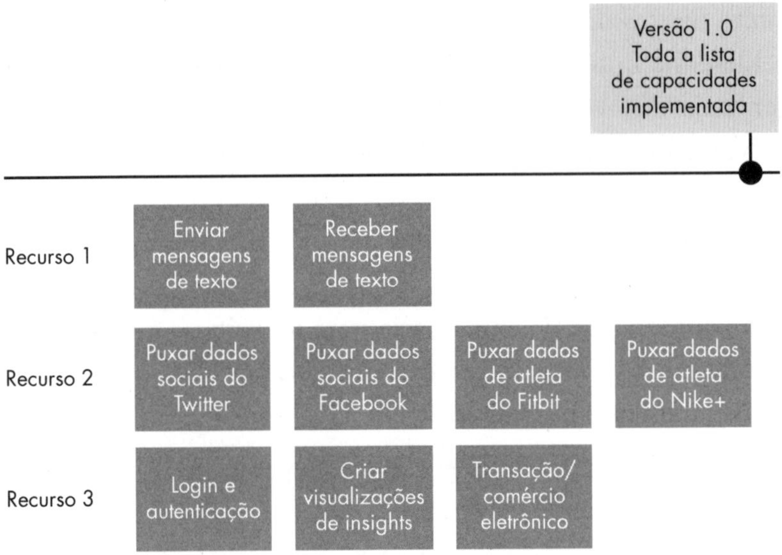

Acrescente o tempo ao roteiro.

Agora vem a parte difícil: fazer as outras pessoas entenderem o seu roteiro e trabalhar com as pessoas para acrescentar realismo. Mostre o seu roteiro no seu estado "sem tempo" a vários desenvolvedores e engenheiros em um encontro informal e individual. Envolva as pessoas reais que vão escrever o código, não apenas o gerente ou o líder da equipe. Apresente o roteiro como um esboço e peça ajuda e feedback deles. Conforme você apresenta cada capacidade, eles farão perguntas e pedirão esclarecimentos. Use os outros artefatos que desenvolveu para responder a essas perguntas. Percorra a estrutura do fluxo de usuário. Apresente o mapa de conceito de produto. Conte-lhes a história de como o produto que vai construir fornecerá um valor profundamente emocional às pessoas e descubra o que eles acham dessa história.

Pergunte se a sua priorização e ordem fazem sentido e explique o sequenciamento que selecionou. Se eles sugerirem modificações no sequenciamento, leve as sugestões a sério e considere reordenar o material. As pessoas que vão fazer de fato o trabalho têm de entender e respeitar as decisões de roteiro que você tomou, e o melhor caminho para isso é que eles possam contribuir para ele. Considere fazer as mudanças no roteiro na frente deles, para que eles possam ver de fato que você valoriza as informações e a opinião deles.

Agora, peça que eles acrescentem o tempo ao roteiro, usando as suas melhores suposições. Você não vai acreditar nas suposições deles; eles vão errar longe. O seu objetivo, nesta etapa, é chegar a uma estimativa de base — uma compreensão ampla do que sua equipe pensa que poderia estar pronto em certos marcos (tipicamente, mensalmente ou em incrementos de três meses). Observe os membros da equipe trabalhando e compare o ritmo e as estimativas deles; então, com o tempo, você pode desenvolver um senso do tempo que sua equipe realmente vai levar para produzir a nova funcionalidade. Por enquanto, sua intenção é ter um plano que todos achem uma boa ideia — um plano que respeitam, entendem e querem trabalhar muito para realizar. Depois de trabalhar com a engenharia, o roteiro final de Joe parece com o da Figura 6-2.

O roteiro é um documento vivo: ele realmente nunca está terminado. Vai se adaptar às necessidades mutáveis do negócio e à visão em evolução do produto, e terá de se adaptar com base em atrasos ou eventos inesperados na produtividade de desenvolvimento. As modificações do roteiro têm de ser gerenciadas para assegurar que todos entendam e acreditem nas mudanças. "Possuir o roteiro" não significa tomar todas as decisões. Você será mais bem-sucedido quando puder incluir a todos nas decisões e apresentá-las de modo claro. Você vai usar o roteiro constantemente para tomar tanto decisões estratégicas como táticas.

Figura 6-2
Roteiro final de Joe

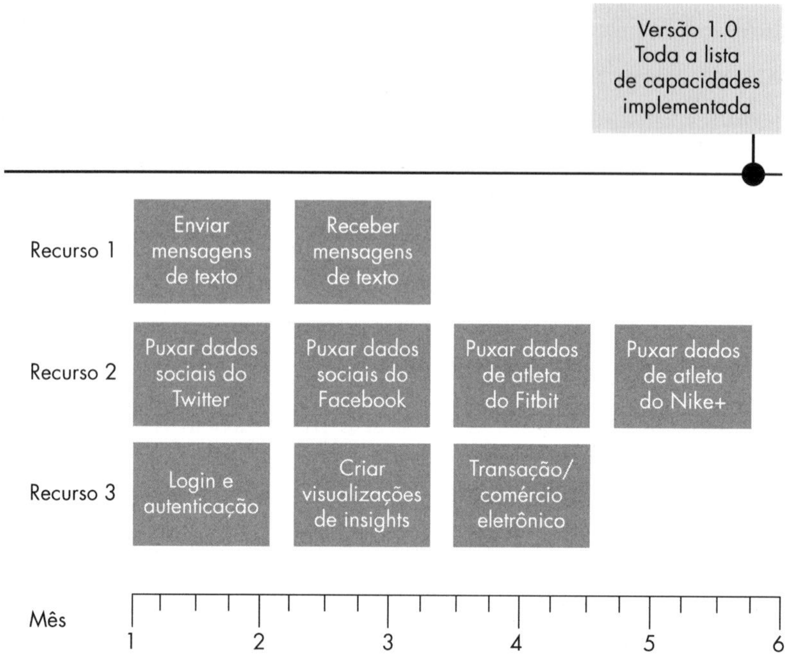

MOVER-SE DO IDEAL AO REALIZÁVEL POR MEIO DE ITERAÇÕES

Até agora você está pintando um quadro ideal. Você usou insights para definir um produto que tenha atração emocional e definiu um conjunto amplo de capacidades e interações para ajudar as pessoas a experimentar essa atração. Quando começar a usar o seu roteiro e vir o ritmo da sua equipe, você perceberá que a realização da visão pode tomar muito mais tempo do que esperava. Em meu exemplo anterior, seriam necessários quase seis meses para alcançar toda a funcionalidade descrita como "versão 1.0". Você tem de começar a passar do ideal para o realizável. O modo comum de fazer isso seria eliminar os conjuntos amplos de funcionalidade ou cortar itens, mas você realmente não vai querer fazer nada disso. Em vez disso, suponha que cada capacidade passe por várias fases de desenvolvimento. Divida uma capacidade única em fases iterativas e espalhe essas fases no decorrer do tempo.

Joe pode começar a ser muito mais específico na sua lista de capacidades a fim de separar as partes e tornar mais curto cada bloco de capacidade.

Enviar mensagens de texto pode ser dividido em capacidades menores:

- Enviar textos a todos os usuários ao mesmo tempo em todo o dia.
- Enviar textos em vários momentos, quando o usuário os agendar.
- Enviar mensagem genérica, codificada.
- Enviar textos personalizados com base na atividade de usuário.

Estas quatro capacidades podem espalhar-se agora por todo o roteiro, o que significa que Joe pode realizar uma versão básica de *Enviar mensagens de texto* sem ter necessidade de esperar a conclusão de toda a funcionalidade. Você pode utilizar iterações para fazer progressos funcionais rápidos sem abandonar a amplitude do roteiro. Pode dar uma passada rápida por *toda* a funcionalidade e, depois, voltar e refinar os detalhes dos recursos individuais.

TRADUZIR CAPACIDADES EM HISTÓRIAS

Cada nota Post-it no roteiro é um marcador de lugar para atividades de produção, como planejamento, criação de ativos gráficos, escrever o texto, codificação, testes e muitas outras atividades. Diversos pacotes de software podem ajudá-lo a organizar todas essas atividades de produção. O mais importante não é o instrumento que você usa, mas o fato de fornecer uma estrutura significativa para ilustrar como todas essas atividades se juntam para atingir a visão de produto. Você pode criar essa estrutura escrevendo histórias de usuário. Do mesmo modo que fluxo de usuário criou uma imagem atraente de como alguém usaria o produto para realizar os seus objetivos, as histórias de usuário descrevem como uma determinada capacidade funcionará na perspectiva da pessoa que usa o seu produto. As histórias de usuário focam-se no fluxo de usuário para descrever cada passo do fluxo mais detalhadamente. É aqui que as amplas decisões de design se tornam exigências de recursos específicas.

Lembre que um de fluxos de usuários principais de Joe era assim:

> A tela exibe as suas emoções mensais em um gráfico, mostrando dois períodos que parecem cair abaixo da média. Ela toca em um botão com a frase "Analisar a minha vida", e o app explica que as suas emoções parecem ficar mais sombrias todas as terças-feiras por volta das 15 horas. Ele também mostra que, com base no calendário do iOS, ela tem uma reunião todas as terças-feiras das 14h até as 15h com um colega específico. Na semana em que a reunião foi cancelada, as emoções dela não ficaram sombrias. "Interessante", pensa Mary.

E, lembre-se de que Joe tem uma capacidade única chamada

Criar visualização de insights.

Joe pode reunir o fluxo de usuário e a capacidade para escrever estas histórias de usuário:

- **O usuário deve ser capaz de examinar um gráfico que exibe as suas emoções no decorrer do tempo.** O gráfico deve exibir o tempo no eixo X e as respostas emocionais delas (coletadas via mensagem de texto) no eixo Y.
- **O usuário deve ser capaz de pedir que o sistema analise o gráfico.** O sistema deve aplicar uma série de instrumentos de análise algorítmicos aos dados para identificar tendências ou anomalias.
- **O usuário deve ser capaz de identificar facilmente períodos que sejam especialmente altos ou baixos no gráfico de emoção.** O gráfico deve usar cores para destacar altos e baixos de modo que sejam visíveis de imediato.
- **O usuário deve ser capaz de comparar visualmente o gráfico de emoção com as atividades regulares no app de calendário app no celular.** O sistema deve identificar lugares onde os eventos do calendário coincidem com altos, baixos ou anomalias no gráfico. O usuário deve ser capaz de tocar esses lugares e ver uma conexão entre o evento do calendário e o momento emocional.

Observe que as histórias atuam como uma ponte entre a capacidade e o recurso. Agora, um designer pode criar desenhos básicos para visualizar o produto ou interpretações visuais para apoiar esse recurso específico. Um redator pode produzir o texto que um usuário verá. O marketing pode produzir anúncios que destaquem esses recursos e o desenvolvimento pode começar a criar estratégias de como codificar para fornecer suporte a esses recursos. As histórias não respondem a todas as perguntas, e de muitos modos, as histórias provocam mais perguntas a serem respondidas. Mas em cada etapa, do fluxo de usuário à história de usuário, você está trabalhando para responder à pergunta: O que devemos construir? Esses instrumentos respondem a essa pergunta pondo limites em volta de uma folha em branco, e forçam uma resposta que sempre se concentra no usuário.

PRIORIZAR FUNCIONALIDADE E GERENCIAR UM BACKLOG DE BOAS IDEIAS

Quando você tem um produto que funciona é inevitável que surjam inúmeras ideias de como melhorar e expandi-lo. Como o design é generativo, você sempre terá mais boas ideias do que poderia aplicar; sua maior restrição logo se torna a quantidade de capacidade de engenharia disponível a ser utilizada. Você tem de gerenciar uma lista de todas as boas ideias e encontrar um modo de defini-las, projetá-las e deixá-las prontas para construir quando os recursos de engenharia ficarem disponíveis.

Essa lista se chama *backlog* de produto. É uma lista vida, que respira e se modifica constantemente conforme você consegue novas informações sobre como as pessoas usam o seu produto. Você a gerencia, priorizando ideias e retirando coisas que já não são mais relevantes. Esse corte deve acontecer regularmente. Eu acho útil revisar o *backlog* todos os dias e reservar um tempo especificamente para cortá-la uma vez por semana.

O *backlog* de produto também tem outro objetivo. Ele se torna um caminho para você despolitizar as sugestões de funcionalidades. Todo o mundo na empresa terá novas ideias para o seu produto e, apesar de bem-intencionadas, muitas das ideias simplesmente não são nada boas. Elas podem não combinar com a proposição de valor emocional do produto, ou podem contradizer um objetivo comportamental mais amplo que você identificou. Você poderia se sentir tentado a desafiar essas ideias e debater por que elas devem ou não devem ser incluídas. Um modo melhor de tratar as sugestões à esquerda é inclui-las no *backlog* do produto, mas priorizá-las em relação à parte inferior. Quando alguém lhe oferece o que acha ser uma ótima ideia, não julgue essa ideia e diga à pessoa que você a acrescentou ao *backlog* de recursos potenciais do produto. Ele vai sentir que contribuiu, e você mostrará a ele que está considerando a ideia dele.

Em nível amplo, um dos modos mais eficazes de priorizar seu *backlog* é classificar as ideias com base no grau em que elas apoiam a sua proposição de valor emocional. O *backlog* deve incluir atividades de marketing específicas, novos recursos ou funções ou código herdado que pode precisar ser reescrito. Essas modificações podem não se alinhar diretamente com o valor emocional que você está tentando atingir, e está tudo bem. É mais importante que você tenha uma estrela-guia que possa usar como um filtro temático para ideias. Quando todas as suas atividades de desenvolvimento deixam de se alinhar com essa estrela-guia, você tem de realinhar os esforços de engenharia na direção do seu objetivo.

RASTREAR PUBLICAMENTE O VALOR DE USUÁRIO

Quando as pessoas reais estiverem usando seu produto, você pode começar a entender se está atingindo o que pretendia realizar e se está entregando a proposição de valor emocional. Lembre que a proposição de valor emocional foi identificada como *algo que uma pessoa sentiria depois de usar ou adquirir o seu produto, e que não poderia sentir antes de usar ou adquirir o seu produto.* Esse valor emotivo torna-se o seu objetivo, mas é difícil saber com certeza se você está alcançando esse objetivo. Você pode estabelecer algumas métricas que o ajudem a fazer uma suposição bem-informada e possam atuar como indicadores do valor.

Considere que a proposição de valor emocional de Joe foi afirmada assim:

Depois de usar LiveWell, as pessoas vão se sentir mais ligadas com seus ritmos corporais e vão se sentir mais no controle da sua saúde mental.

Joe pode rastrear diversas coisas no seu produto. Por exemplo, ele pode rastrear o número de visitas à página inicial, o número de vezes que as pessoas fazem login ou o número de pessoas que fazem uma compra. Embora todas essas métricas sejam úteis para o negócio, nenhum atua como um indicador do valor emocional. Nenhuma delas ajuda Joe a entender se as pessoas se sentem mais ligadas com os seus ritmos corporais ou mais no controle da sua saúde mental.

Em vez de rastrear essas métricas típicas, Joe criou os seus próprios indicadores que ilustram o valor. Em primeiro lugar, ele rastreia a porcentagem de usuários que renovam a sua adesão mensal depois do primeiro mês. Ele chama isto de "porcentagem de clientes felizes". Se uma pessoa paga por um mês de serviço e, depois, paga explicitamente por outro mês de serviço (em comparação a uma autocobrança ou a um pagamento recorrente), Joe sabe que o serviço forneceu valor para essa pessoa, e a porcentagem de clientes felizes aumenta.

Joe também rastreia um indicador único que chama de "número de bem-estar global". O produto dá a cada usuário uma pontuação de bem-estar total e estimula o usuário a aumentar este resultado com o tempo fazendo pequenas mudanças comportamentais. Joe considera a média desse número em todos os usuários, ajustada para o tempo em que o usuário é membro do site e a rastreia no grupo. Assim, ele tem um número único que indica o bem-estar global da sua comunidade de usuários. Se o produto estiver ajudando as pessoas a se sentirem mais no controle do seu corpo, esse número deve subir com o tempo.

Joe precisa entender esses números porque pode usá-los para medir o êxito. Se Joe fizer algumas modificações no produto e os números diminuírem, Joe tem uma pista de que as modificações no produto não foram bem-sucedidas.

Contudo, Joe também tem de compartilhar ativamente esses números com os membros de sua equipe para conseguir que eles tenham como referência o mesmo conjunto de métricas e valores. Sem direção exata, as pessoas tendem a se focar na métrica específica de competência (os engenheiros rastreiam o número de defeitos consertados, ou os profissionais de marketing rastreiam o número de unidades vendidas), mas essas métricas não têm necessariamente algo a ver com as pessoas que usam o seu produto. As métricas de Joe são um resultado das experiências que as pessoas estão tendo com o seu produto.

Quando você criar esses indicadores para seu produto, informe como os números são calculados. Você precisa de algum tempo para identificar o que rastrear e estabelecer uma fórmula razoável para esse monitoramento. Uma vez que todo o mundo tenha entendido as métricas, torne-as públicas e muito visíveis. Exponha os números em um lugar central no escritório. Envie um e-mail semanal descrevendo como os números foram afetados pelas modificações no produto e elogie publicamente os membros da equipe quando os números subirem, comprando rosquinhas ou convidando-os para uma *happy hour*.

EXAMINANDO OS DETALHES

Joe faz de conta que a sua cabeça não está latejando. A festa de lançamento na noite passada foi um grande sucesso, mas agora ele tem um produto para gerenciar. Mais de dez mil pessoas fizeram download do app, e ele tem um tesouro de dados para minerar.

Ele puxa o dashboard de funções analíticas e começa a analisar seus objetivos. Ainda é cedo demais para ver se as pessoas estão respondendo às mensagens de texto automáticas, mas ele tem uma impressão de quantas pessoas definiram seus limiares de relatórios. Está parecendo muito bom. Ele esperava que 50% dos usuários fizessem isso, mas quase 65% das primeiras pessoas a adotar o app definiram seus objetivos. É um bom começo.

De repente, Joe se endireita na cadeira: parece que existe um grande número de usuários abandonando o registro na metade. Ele tem certeza de que há um defeito. O fluxo de registro é tão simples que não há modo de os números fazerem sentido. Joe abre o app e faz de conta que é um novo usuário. Ele tenta omitir uma informação crucial para ver como o sistema lida com o formulário de validação. O quê?! — Não está nem perto do que sua equipe tinha projetado.

PREOCUPAR-SE COM COISAS MUITO, MUITO PEQUENAS

O desenvolvimento de detalhes de interface pode ser tedioso, em particular no fim do processo quando as questões de compatibilidade com navegadores ou excentricidades de interface muito pequenas começam a surgir. Neste ponto, você encontrará uma tendência natural de considerar que o produto está "suficientemente bom". A equipe está cansada e pronta para o lançamento do seu trabalho.

Uma abordagem de design ao desenvolvimento de produtos significa preocupar-se com todos os detalhes que um ser humano encontra quando usa o seu produto porque esses pequenos detalhes têm grandes impactos nas experiências das pessoas. Os detalhes incluem estética, questões de usabilidade, linguagem e conteúdo, cálculo de preço e questões da hierarquia de informação. A lista é exaustiva e, neste ponto, é fácil deixar que os detalhes passem despercebidos. Às vezes, eles parecem ser deixados de lado aos poucos, conforme a atenção das pessoas se volta para novas capacidades e novas ideias. Outras vezes, eles são deixados de lado de uma só vez, porque os detalhes não são gerenciados até o lançamento do produto. Se você quer que as outras pessoas se preocupem com detalhes, tem de se preocupar com eles também. Não há atalho ou truque para isto, e porque há tantos detalhes, você tem de estar constantemente na linha de frente.

Faça listas.

Quando um designer lhe mostrar um modelo de tela com um texto fictício ou um desenvolvedor demonstrar algum código que não esteja resolvido visualmente, acrescente os detalhes em uma lista por escrito. E, depois, volte lá alguns dias depois e pergunte como o texto ou o código foram concluídos. Refine os detalhes do seu produto e surpreenda agradavelmente as pessoas quando se lembrar e falar com elas.

Monitore problemas visuais e defeitos de usabilidade.

Em um sistema de controle de bugs típico, os defeitos visuais recebem a menor prioridade ("Ah, isso é só aparência, podemos deixar isso para consertar no fim"), e os defeitos de usabilidade nem são considerados. Contudo, para as suas métricas, um problema visual pode ser tão crucial como uma parte quebrada do código. Você pode aumentar a consciência e o respeito de sua equipe de desenvolvimento pelos detalhes de design em relação aos problemas visuais e de usabilidade de seu produto e priorizá-los do mesmo modo em que prioriza os defeitos funcionais. Inclua a razão da sua priorização na descrição do defeito porque isso não será óbvio para desenvolvedores. É óbvio porque um código que não funciona direito deve ser consertado. Nem sempre é evidente por que vale a pena consertar as imagens desalinhadas, em particular com recursos de desenvolvimento limitados. Você precisa explicar como a coerência, a acuidade visual e o refinamento têm um impacto na confiança, e como a confiança é crucial para o êxito do produto.

Produza uma documentação de design relevante.

Só uma coisa é pior do que escrever uma especificação de um design: ler uma. Tentar documentar cada decisão de design deixará você e sua equipe de desenvolvimento loucos e desperdiça tempo porque é muito mais fácil trabalhar em um design detalhado na tela, sentado ao lado de um desenvolvedor e conversar sobre as interações. É importante documentar alguns detalhes de design específicos; uma série de cinco artefatos leves e médios podem fazer o trabalho sem recorrer a uma especificação completa:

1. Produza um diagrama de bolha que exiba o caminho do herói, mostrando como uma tela leva à próxima. Isso ajuda os desenvolvedores a criarem rotas e os ajuda a entender como os dados devem se mover pelo sistema. (Ver a Figura 6-3.)

Figura 6-3

Diagrama de bolha do caminho de ações

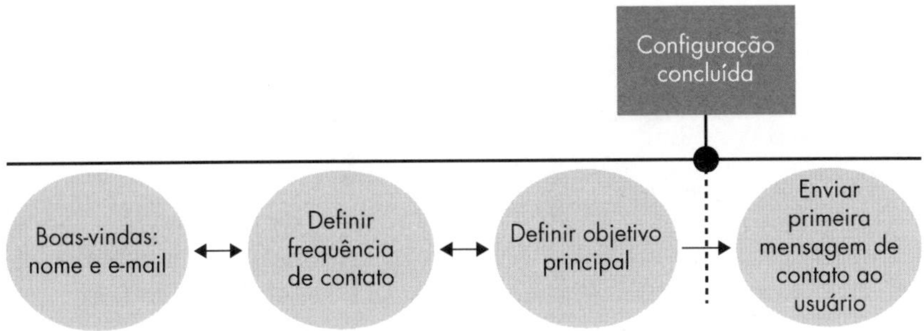

2. Produza uma série de *wireframes* de alto nível que descreva as telas que os usuários encontrarão. Isso ajuda os desenvolvedores a entender que serviços de *back-end* são usados e começa a descrever a complexidade da camada de apresentação. (Ver a figura 6-4.)

3. Crie imagens etalhadas de interações críticas específicas, como um controle que é usado em todas as páginas (navegação), um que seja fundamental para o êxito (um carrinho de compras), ou um que seja extremamente intricado. (Ver a Figura 6-5.)

4. Crie um documento de design visual (um componente perfeito de pixel) que mostre as telas mais importantes. Tipicamente, cinco ou dez telas são o bastante para ajudar a equipe de desenvolvimento a ver a variedade de tipos de tela que você deseja e fornecer dados suficientes para iniciar um esforço de desenvolvimento de *front-end*. Marque esses documentos para acrescentar especificações de enchimento, margem, tamanhos de fonte e outros elementos visuais, e ponha estas especificações diretamente em cima do componente (em vermelho). (Ver a Figura 6-6.)

Figura 6-4

Wireframes de telas de alto nível

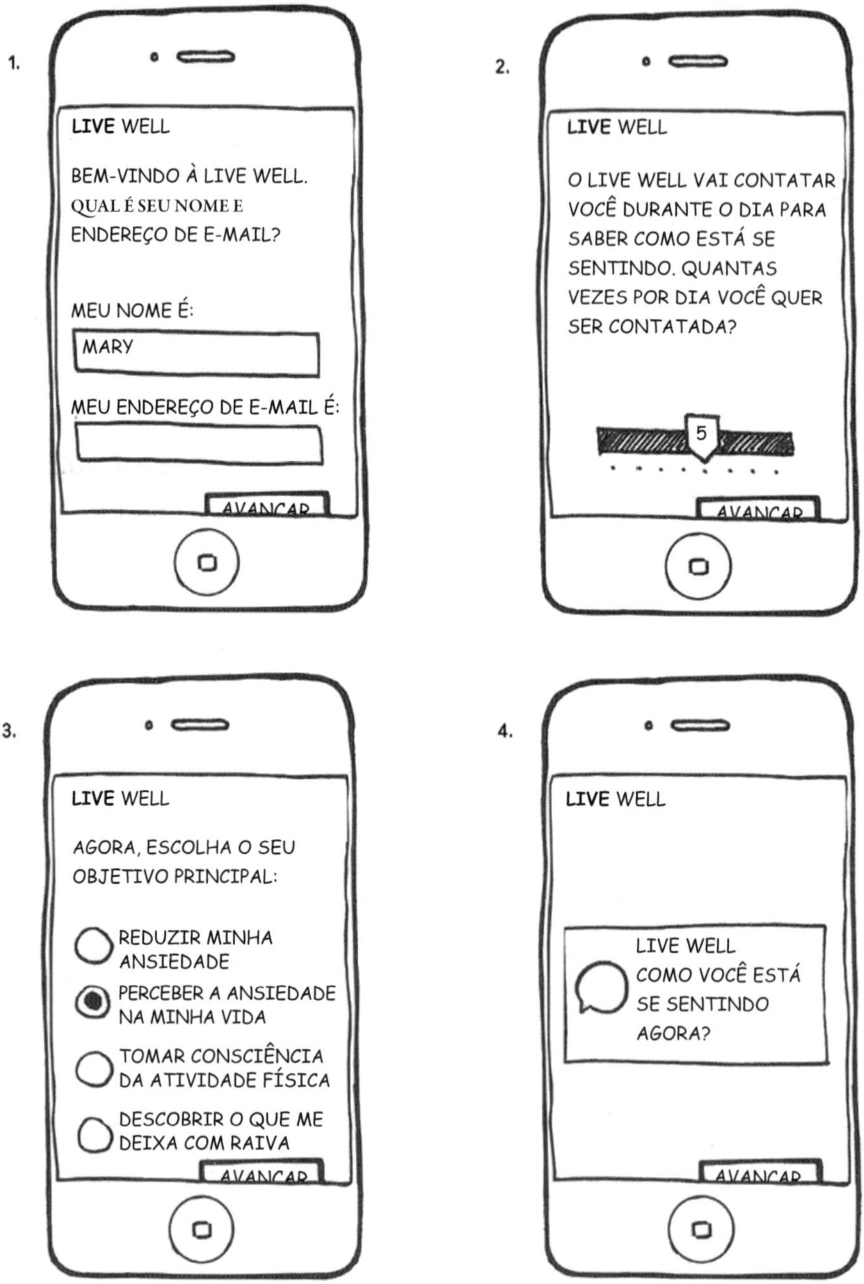

Figura 6-5

Componentes visuais de telas-chave

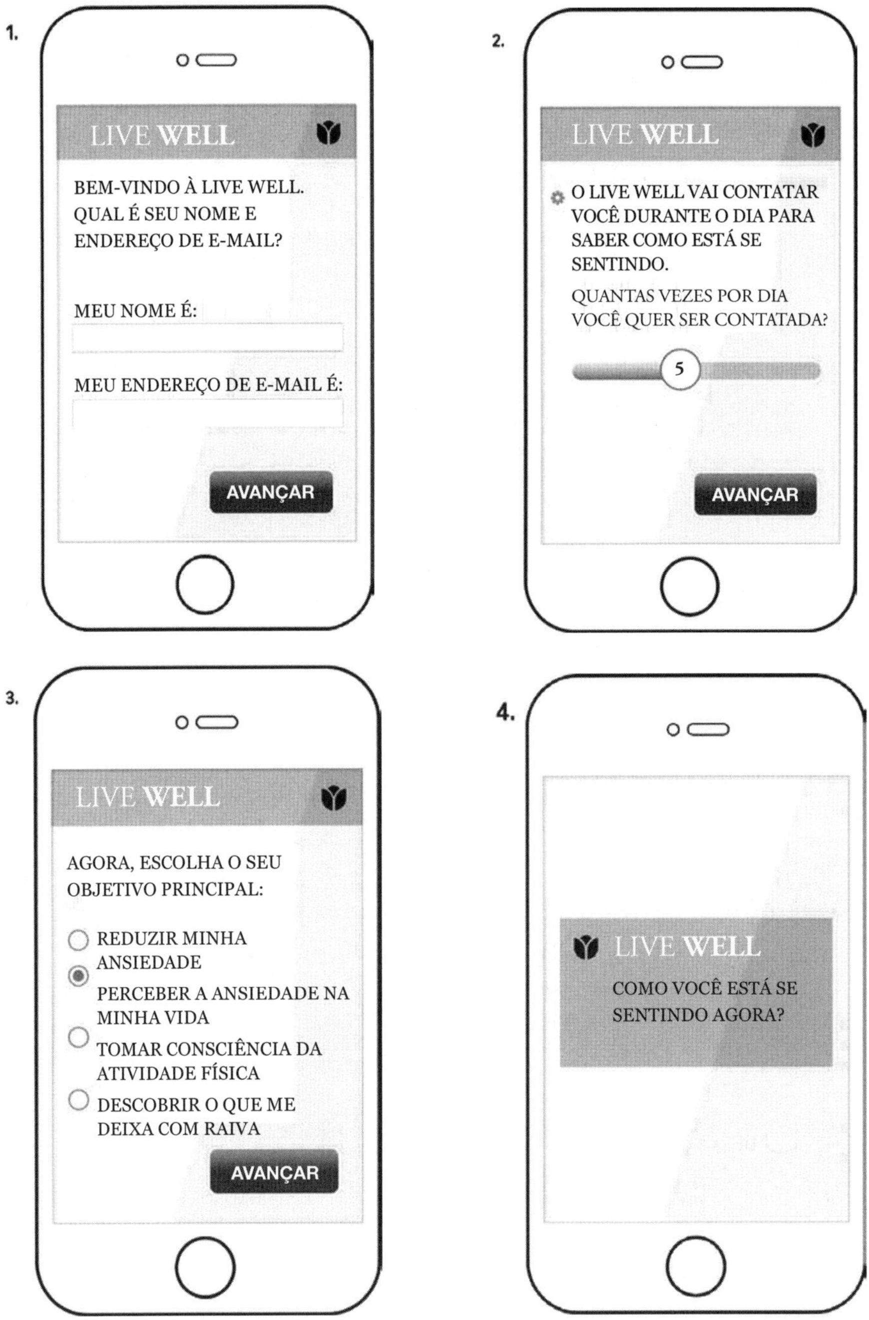

Figura 6-6

Marcação de especificações

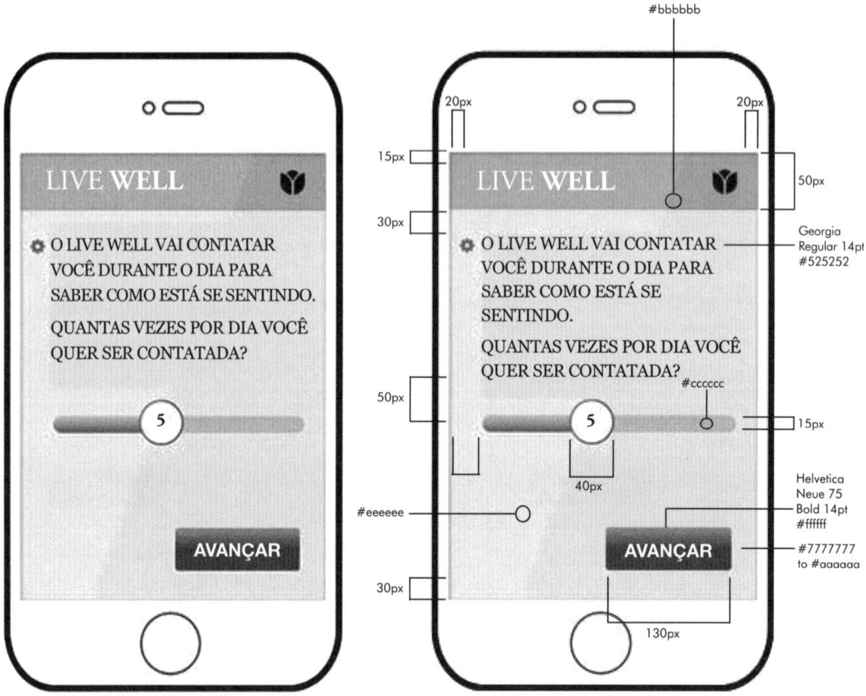

5. Crie uma folha destacável de cada componente e controle padrão da plataforma (isto é, caixas de texto, caixas de seleção, botões) e de todos os componentes e controles não padrão que você pretende usar em todo o produto. Faça marcações em vermelho na folha destacável, como fez com os componentes. Depois, faça a equipe de desenvolvimento codificar toda a folha, de modo que tenham um conjunto padrão de controles ao qual possam se referir no trabalho. (Ver a Figura 6-7.)

Figura 6-7

Folha destacável de design visual com componentes e controles

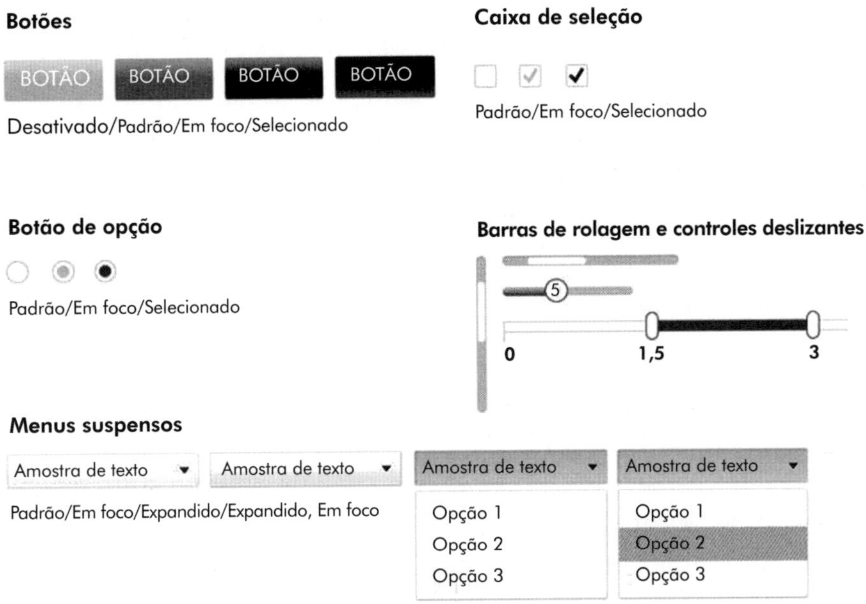

ENSINAR E EVANGELIZAR

Aprender a ver e preocupar-se com os detalhes é uma coisa. Fazer com que todos os outros na equipe se preocupem com eles é outra. Parte do seu trabalho é ser um educador, ensinando os outros membros da equipe a verem o mundo de um novo modo, em que as pequenas nuanças formem um todo mais amplo.

Ajude os desenvolvedores a ver.

Os desenvolvedores geralmente foram treinados a ver o mundo por uma lente da funcionalidade. Notarão o modo em que as coisas funcionam, mas tipicamente não verão o modo que as coisas se parecem. Se você estiver tentando atingir um certo nível de refinamento, adequação e acabamento visual, isso pode ser especialmente frustrante. Os seus desenvolvedores literalmente podem ser incapazes de notar qualquer diferença entre uma aproximação de 80% do seu componente e o próprio componente. Mesmo quando você prepara uma versão com marcação em vermelho de um dado design, completa com contagens de pixel e especificações de tamanho da fonte, alguns desenvolvedores ainda não perceberão que aquilo que codificaram só se aproxima da especificação.

Você pode ajudar os desenvolvedores a aprender a ver as diferenças entre uma aproximação de um design e um design com pixel perfeito com um truque simples. Pegue uma captura de tela do seu trabalho e coloque o seu componente em cima dela, com opacidade de 50% para mostrar as diferenças entre o trabalho deles e a sua visão. Explique a diferença aos desenvolvedores e por que cada detalhe importa. Não é o bastante que alguém veja o que você vê. Ele tem de entender por que a sua visão do mundo é importante e por que esses detalhes visuais importam. Se você puder ajudá-lo a ver que tomou decisões de design visual de modo proposital e metódico, e que elas apoiam um objetivo maior, ele o ajudará a atingir a sua visão estética.

Seja um exemplo.

Exigir um padrão alto de todo o mundo e você mesmo não sustentar esse padrão não é justo. Se você vai ficar constantemente lembrando as pessoas de serem mais atentas aos detalhes, você também tem de se obrigar a dar mais atenção aos detalhes. Concentre-se no seu próprio trabalho — seu *backlog*, definição de requisitos, histórias de usuário, *wireframes*, ou qualquer outro artefato que você faça para esmiuçar os detalhes.

ASSUMIR UMA POSTURA PROATIVA

Com poucas exceções, as atividades comerciais não acontecem simplesmente. Alguém as faz acontecer empreendendo uma ação, fazendo um comentário ou reagindo a um evento. O gerenciamento de produto exige uma posição proativa em relação ao modo em que você quer que o mercado receba o seu produto. Você não controla as outras pessoas e certamente não controla o mercado, mas pode tentar aumentar as suas possibilidades de êxito.

Pergunte-se que ação você pode tomar para obter um resultado desejado. Você espera um artigo sobre o seu produto em um jornal técnico influente? Você pode esperar até que uma repórter para descubra o seu produto sozinha, ou pode informá-la da existência do produto. Você espera que os usuários descubram e usem uma nova funcionalidade que você lançou? Em vez de esperar que eles a descubram, pense como pode apresentar sugestões dentro do produto para guiá-los até lá. Você está preocupado porque sua equipe não está agindo com a velocidade necessária? Pense no que você pode fazer para incentivá-los a trabalhar mais depressa. O gerenciamento de produto é uma função da vontade. Embora você possa se ver respondendo a estímulos e atividades, o seu papel é surpreendentemente proativo.

CORTAR O DEBATE COM ARTEFATOS

As opiniões de pessoas sobre o que fazer e como fazê-lo estarão em conflito em cada passo do processo de desenvolvimento. A criatividade colaborativa muitas vezes é um processo altamente emocional. As pessoas sentem-se expostas quando fazem uma declaração pública sobre uma nova ideia. Fizeram uma previsão e ligaram o seu próprio valor àquela visão do futuro. Se a ideia não tiver apoio, elas podem se sentir como se tivessem sido pessoal ou profissionalmente diminuídas. Elas têm a propriedade daquela ideia, e essa propriedade é uma força emocional potente.

As pessoas podem discutir em apoio a uma ideia mesmo quando um argumento racional *contra* ela é apresentado; portanto o debate verbal pode ser circular ou infinito. Tal debate pode ser um tremendo desperdício de tempo porque é difícil capturar a nuança ou a especificidade de uma decisão de produto na linguagem. As palavras podem não ter bastante riqueza para capturar decisões de produto. Você pode se ver discutindo com alguém em relação à mesma ideia, no que muitas vezes chega a um acordo violento.

Você pode cortar os debates infinitos sobre recursos, funções e detalhes de design fazendo *coisas*. A coisa pode ser um diagrama, um esboço ou um artefato de design de alto nível de fidelidade. Quando você faz uma coisa, uma ideia se torna real. Uma coisa diz: "Quero dizer isto e não aquilo"; é um modo de formalizar a intenção e reduzir a ambiguidade.

Fazer coisas *durante* uma discussão ou debate é um modo maravilhoso de estabelecer o consenso e minimizar argumentos circulares. Depois que a conversa acabou, a coisa permanece como um registro ou lembrança do que todos aceitaram. Uma semana ou um mês depois da reunião, você será capaz de reviver rapidamente o debate inteiro olhando para o artefato; ele substituirá a conversa. Trabalhar com um quadro branco é um modo simples de levar uma conversa da palavra falada a um artefato. Pode treinar você e sua equipe a pegar uma caneta para quadro branco e levar as conversas a um meio visual.

TRAZER AS IDEIAS À VIDA PELA SOCIALIZAÇÃO

Parte do seu trabalho é garantir que todos na sua organização saibam quais decisões de produto estão sendo tomadas, e por que estão sendo de uma determinada maneira. Preston Smalley, diretor executivo de gerenciamento de produto na Comcast, passou a maior parte da sua carreira no eBay. Ele comentou:

> O objetivo é sempre uma parceria. Você quer estar em uma situação em que o marketing entenda o seu importante papel, e você entenda o papel importante deles. Quando vi as coisas darem errado foi quando o marketing sentia que o produto só tinha de estar lá para ser anunciado ou o contrário, quando o produto sentia que só tinha de ativar o marketing algumas semanas antes do lançamento, sem consciência de como eles fazem seu trabalho. Nenhum desses modelos funciona muito bem. Se puder criar um ambiente em que as pessoas se sintam ouvidas, elas corresponderão. Vi isto no eBay. Eu ia conversar com o marketing, e você pensaria que um alienígena tinha pousado na área deles. Eles nunca tinham tido uma conversa profunda com alguém de produto ou design, e ficaram empolgados por fazer isso.[1]

Mesmo em uma pequena empresa, pode ser difícil monitorar todas as coisas diferentes que estão acontecendo, e uma falta de alinhamento de produto pode levar a problemas logísticos ou a ressentimento emocional. Você pode ajudar a assegurar o alinhamento de produto se socializar ativamente o seu roteiro de produto, mostrando-o por toda a empresa, descrevendo o que vem a seguir e solicitando o feedback e sugestões quanto ao futuro e às modificações. Quando compartilha o seu roteiro de produto, você tem de entender as motivações e incentivos de cada indivíduo e falar diretamente a estes. Mostre como as decisões de produto que você tomou apoiam as metas e os objetivos deles. Por exemplo, se a sua equipe de vendas é paga com base em comissão, você tem de saber como as modificações de produto que está planejando ajudarão a equipe a fechar vendas adicionais. Você só saberá isso se tiver passado um tempo com a equipe no início do processo.

Fundamentalmente, a sua ação de socialização deve pintar uma história clara de como as modificações planejadas para o produto apoiam uma história ou uma intenção maior de negócios. Você deve ser capaz de conectar facilmente as decisões de produto que toma aos objetivos estratégicos da empresa, e o melhor modo de fazer isso é ligá-los diretamente à sua proposição de valor emocional. Explique como qualquer novo recurso, fluxo ou modificação de produto ajudam os seus usuários a sentir melhor aquilo você quer que eles sintam.

ESTABELECER UM RITMO DE LANÇAMENTO

Quando começar a se preocupar com os detalhes, você descobrirá que as coisas demoram mais, muito mais. Você pode se sentir tentado a se concentrar exclusivamente em um conjunto de recursos ou em uma nova funcionalidade de produto, refinando-o até que esteja perfeito. Mas um ritmo de lançamento regular das versões provisórias — revisando e lançando código ao vivo uma vez por semana, ou até várias vezes por dia — vai lhe dar a capacidade de fazer modificações rapidamente. Se encontrar algo errado com o seu produto, você pode priorizar as modificações e lançá-las assim que estejam completas, em vez de esperar para alinhar as suas modificações a um ciclo de lançamento de versão de desenvolvimento mensal ou trimestral.

Mais importante: lançamentos regulares criam um senso de que o produto é maleável, e que pode ser modificado com base nas informações, ideias ou inovações das pessoas. Sua equipe precisa sentir que está fazendo progresso, e lançar produtos regularmente ajuda a estimular um impulso interno positivo. Filosoficamente, os lançamentos diários ajudam sua equipe a sentir uma propriedade emocional em relação ao produto e a se sentir autorizada para fazer modificações dele.

MOTIVAR OS ENGENHEIROS

Além de ajudar a desenvolver um ciclo de lançamento fluido e constante, você pode ajudar a equipe de engenharia a se manter motivada, deixando claro por que está pedindo que a equipe faça as diversas mudanças que você planejou para o produto. Um modo simples de fazer isso é incluir uma justificativa para cada item no roteiro e descrever claramente como isso fornece valor emocional ou utilitário a seus usuários.

Além disso, você pode ajudar a motivar os engenheiros se fornecer indicadores de sucesso mensuráveis para cada item no roteiro. Antes de começar os esforços de desenvolvimento, ajude a equipe de engenharia a entender o que determina o sucesso de um determinado esforço. Qual comportamento você vai monitorar? Como você vai monitorar esse comportamento? Quais objetivos você tem e o que deseja que essa métrica indique se estiver funcionando conforme desejado? Você pode achar que esses valores são intuitivos ou óbvios e pensar que nem vale a pena medi-los. Mas os desenvolvedores são altamente analíticos, e lhes dar uma medida quantitativa clara para rastrear vai ajudá-los a entender a relevância de seu trabalho e avaliar seu sucesso.

DEDUZIR O COMPORTAMENTO DO USUÁRIO A PARTIR DOS DADOS DE USO

Quando as pessoas estiverem usando o seu produto, você ficará surpreso ao perceber como pode ser empolgante (e, muitas vezes, confuso) olhar para os dados de uso e tentar entender o que eles estão fazendo e por que estão fazendo isso. Você terá centenas ou milhares de pontos de dados de funções analíticas. No cenário mais rico, você poderá recriar o que cada usuário fez com o seu produto, embora não tenha tempo para fazer isso porque levaria milhares de horas.

Utilize dados de uso para subsidiar as mudanças do produto, mas otimize o tempo que dedicar às funções analíticas. Para fazer isso, ligue suas questões analíticas diretamente à sua proposição de valor emocional e à métrica de sucesso correspondente. Lembre que Joe tinha definido a porcentagem de clientes felizes e o número de bem-estar global como as duas métricas que ia monitorar. Ele deveria usar o tempo para criar formas de monitorar essas métricas, no pacote de funções analíticas que sua empresa estivesse usando e, então, fazer o possível para resistir à pressão para medir todo o resto. Medição é um jogo de soma zero, e o tempo perdido é o custo de funções analíticas adicionais e não pertinentes.

Tente dedicar uma porção definida de seu tempo para análise de funções analíticas em forma livre, para "brincar com seus dados". Uma hora por semana vai ajudar você a identificar padrões ou tendências inesperadas, e lhe dá tempo para tropeçar inesperadamente em novos dados comportamentais.

Quando os números começam a mudar ou se não forem do jeito que você queria, é natural que você queira entender o motivo. Embora a causa possa ser óbvia — você pode ter lançado uma nova funcionalidade —a causa também pode estar oculta ou ser difícil de isolar. A causalidade pode estar oculta no menor dos detalhes da interface, e alterações em elementos de design extremamente simples podem originar grandes mudanças em um produto. Segundo o folclore da interface sobre o design do botão de 300 milhões de dólares, uma simples mudança na interface levou a um enorme aumento na receita de um varejista online.[2] Nem todas as suas decisões de design terão esse nível de impacto direto. Mas pequenas alterações — como selecionar com inteligência as escolhas padrão, ou o autofoco do cursor do mouse no primeiro elemento da interface — têm um efeito e, quando tiver muitos acessos ao seu produto, você vai começar a ver como uma pequena mudança pode ser ampliada em grandes resultados.

LER TODOS OS TÍQUETES DE SUPORTE

Dedique parte de seu roteiro para lançar uma solução de ajuda integrada — um recurso que permite que seus clientes peçam ajuda em um formato estruturado.

Depois, leia todas as solicitações de suporte que chegarem. Você vai começar a entender as tendências comportamentais e perceber que pode entender intuitivamente como as mudanças no produto estão tendo um efeito no uso do produto. Você pode usar o feedback do processo de atendimento ao cliente para direcionar novas alterações no produto. Porém, tome cuidado e resista ao desejo de mudar automaticamente o produto com base em cada comentário que receber. Você tem de avaliar cada solicitação para entender realmente se ela representa um problema mais amplo do produto.

CELEBRAR VITÓRIAS

Dizem que o gerente de produto é a pessoa que traz as rosquinhas no dia do lançamento. Celebre as vitórias de sua equipe, porque é muito fácil perder a noção do progresso ou perder os objetivos de vista. Como você viu, construir um produto é trabalho duro e exige tempo, dedicação e paixão. O processo abrange todas as emoções. Você e sua equipe precisam se importar profundamente sobre o produto a fim de fornecer o valor emocional que prometeu aos usuários. Se você se importar profundamente com isso, inevitavelmente você sentirá que o produto é parte de você, uma continuação do seu ser. Lançar novos produtos ou cumprir marcos significativos de uso são motivo de celebração, reflexão e orgulho. Design de produto é um trabalho muito duro. Você merece se sentir bem com todas as suas realizações, e sua equipe também.

UMA ENTREVISTA COM ALEX RAINERT SOBRE O DESENVOLVIMENTO DE UM PRODUTO E DE UMA EMPRESA

Alex Rainert é chefe de gerenciamento de produto no Foursquare. Ele tem 15 anos de experiência de desenvolvimento de produto e um histórico multidisciplinar do seu trabalho, com um foco em tecnologias móveis, sociais e emergentes. Anteriormente, ele foi cofundador de Dodgeball, um dos primeiros serviços sociais móveis nos Estados Unidos, e o vendeu para o Google em maio de 2005. Ele é obcecado com design, tecnologias emergentes, esportes e comida. Ele escreve sobre tudo quanto é assunto em seu blog: alexrainert.com. Morou a vida inteira em Nova York; atualmente mora no Brooklyn com a esposa, a filha e um cachorro. Rainert tem mestrado do programa de telecomunicações interativas da Universidade de Nova York e bacharelado em filosofia do Trinity College.

ALEX, ME FALE SOBRE A SUA HISTÓRIA NO FOURSQUARE.

Sou o chefe de gerenciamento de produto no Foursquare. Isso inclui o gerenciamento de produto, a equipe de design e a equipe da plataforma. Todos os três grupos são próximos de alguém externo que faz a interface direta com a marca. Quer seja pelos apps, o site ou a API (Interface de Programação de Aplicativos) — esse é o fio que mantém todos juntos.

QUAL É A RESPOSTA CURTA SOBRE O QUE VOCÊ FAZ? O QUE É GERENCIAMENTO DE PRODUTO?

Eu crio o cenário para que as pessoas façam seu melhor trabalho. Isso inclui dar orientações, dar feedback, desbloqueá-las, fazer com que conversem com as pessoas certas, facilitar a criatividade entre as equipes.

ISSO É ALGO QUE POSSA SER ENSINADO?

Você aprende isso quando trabalha em projetos de equipe. Certamente, você aprende isso em agências. Sinto isso todas as vezes em que entrevisto designers de agências para trabalharem em uma *startup*. As pessoas têm de passar por uma grande mudança. Em uma agência, a engenharia é vista como um limite, mas nas *startups*, é o capacitador. Eu diria: "Ah, queremos fazer esta coisa, mas o departamento técnico não consegue fazer isso". As pessoas chegam e podemos literalmente construir qualquer coisa. A dificuldade é pensar criativamente. Não se preocupe com o modo de construir; nós podemos construir. É uma outra mentalidade. As pessoas que estiveram por muito tempo em uma agência têm um limite oculto em como pensam de forma ampla sobre as coisas.

Sempre que você estiver trabalhando em equipes, em que as pessoas tenham papéis diferentes, você aprende a dinâmica e o desafio da construção de consenso, que é uma grande parte do gerenciamento de produto. Alguns gerentes de produto têm dificuldade nisso. Não é sobre fazer com que sua ideia aconteça. Tem a ver com ajudar a melhor ideia acontecer. Como gerente de produto, você tem de ser capaz de se distanciar do problema. Algumas pessoas talvez nunca consigam fazer isso. Outras aprendem a se separar, com o tempo, e dizem: "Ei, eu gostaria de fazer deste modo, mas percebo que todos os outros têm bons argumentos para agir de outra forma, então eu vou ceder".

As equipes realmente gostam disso. Quando podem ver um gerente de produto fazer isso e podem ver que estão ali para ajudar a equipe a fazer seu melhor trabalho, esse é o trabalho do qual eles mais se orgulham. As opiniões deles não atrapalham isso.

VOCÊ ESTÁ DESCREVENDO A CONCESSÃO. PARECE QUE UMA GRANDE PARTE DO GERENCIAMENTO DE PRODUTO, PARA VOCÊ, É UMA VISÃO DE CONCESSÃO. ISSO É O OPOSTO DO QUE OUVIMOS DE CEOS E OUTROS LUMINARES DE PRODUTOS, COMO STEVE JOBS. VOCÊ ACHA QUE JOBS ERA UM GERENTE DE PRODUTO?

Não. Ele sempre conseguia aquilo que queria, e era só isso. É sobre a maneira em que a organização opera. Se você tiver esse tipo de empresa, as pessoas com quem você trabalha tem de estar à vontade nesse tipo de organização. Já vi equipes de design com um diretor criativo e 15 pessoas de produção. Isso funciona para muitas pessoas e, desde que todos concordem com isso, não tem problema. Mas você terá problemas quando tenta mudar no meio do caminho. As pessoas podem dizer: "Ei, pensei que tinha sido contratado para tentar resolver problemas e agora você simplesmente está me dizendo o que construir". É aí que as empresas encontram problemas.

ISSO PROVAVELMENTE ACONTECE NATURALMENTE DURANTE ESSE PERÍODO DE CRESCIMENTO. VOCÊ TEM DE MUDAR PARA UMA MENTALIDADE DE PRODUÇÃO.

Certo e uma compreensão compartilhada daquilo que está fazendo. É assim que você constrói um sistema de capacitação e responsabilidade conforme a organização cresce. Nós temos todas essas equipes e, todas as semanas, temos uma reunião com os coordenadores de design. Eles dizem: "É nisto que estamos trabalhando. Está alinhado com o que você acha importante?" Podemos fazer um nivelamento em relação a isso. Eles assumem o próprio roteiro, mas existem verificações e conciliações em todo o caminho, de modo que todos concordem que estamos trabalhando nas coisas mais importantes.

Quando entrei na empresa, havia 12 pessoas. Antes de eu chegar aqui, a equipe de produto era um designer e Dennis, o CEO. Inicialmente, eu entrei em tempo parcial para ajudar com tudo — gerenciamento de produto, ou *imagens básicas*, ou qualquer coisa que precisasse acontecer. Quando estão todos sentados ao redor da mesa, todos entendem. Com a Dodgeball [um produto anterior de rede social], nosso roteiro mais explícito era um arquivo de texto, ou uma combinação de um arquivo de texto e um quadro branco. Agora existem mais níveis na organização, e o produto é muito mais complexo. As diversas equipes, que trabalham em partes diferentes, precisam estar sincronizadas. Você simplesmente não tem esses problemas quando a empresa tem apenas 12 pessoas.

Eu vim para cá, mais formalmente, para construir a equipe de produto. Eu tinha um designer visual e contratei um gerente de produto e um designer com experiência de usuário. Eu tinha o núcleo atômico de uma equipe que poderia lidar com qualquer coisa. A partir dali, continuei a tentar replicar esse modelo: experiência de usuário, designer visual e gerente de produto trabalhando juntos. Conforme a empresa cresceu, eu pude dar mais foco a cada um desses grupos. Um se concentrou em ferramentas comerciais; outro se concentrou no app do consumidor. Os papéis mudaram com o tempo porque todas às vezes em que você mais ou menos dobra em tamanho, o modo em que você faz as coisas tem de mudar. O modo em que você colabora, o modo em que toma decisões, especialmente na velocidade em que as *startups* crescem, é um processo muito frágil. Você tem de ser flexível com isso e estar tranquilo com o fato de que ele vai quebrar, desde que aprenda como torná-lo melhor.

Agora temos 140 pessoas e grande parte de meu trabalho é garantir que o produto seja planejado adequadamente. Nós temos 85 engenheiros e cerca de 15 pessoas na equipe de produto. Trinta por cento dos engenheiros vieram do Google, então é uma cultura muito pesada em engenharia. Desde o primeiro dia, queríamos que produto e engenharia andassem lado a lado. Em algumas organizações, produto está subordinado à engenharia. Em outras, como a Zynga, o gerente de produto é o CEO; ele decide o que vai acontecer e a engenharia executa. Para nós, é importante ter um equilíbrio. Nosso vice-presidente de engenharia, Harry Heymann, e eu sempre fomos colegas. Tentamos descobrir como fazer para que as equipes trabalhassem juntas. Conforme a empresa foi crescendo, nosso desafio tem sido: como você faz um roteiro quando tem 150 pessoas? Como encontrar o equilíbrio entre capacitar as pessoas e também torná-las responsáveis pelo que fazem? Esses são alguns dos problemas mais difíceis porque as pessoas querem uma diretriz para o que precisa ser construído, mas também não querem que lhes digam o que construir.

Muito disso é a magia negra do gerenciamento de produto. Quando tínhamos 80 pessoas, criamos equipes menores multidisciplinares. Cada equipe estava concentrada em um problema que a empresa estava tentando resolver, como deixar que nossos usuários criassem mais conteúdo no serviço. Nossa esperança era que, se os funcionários tivessem os recursos de que precisavam e uma área clara em que se focar, eles seriam capacitados para seguir com isso e realmente imergir no contexto de um problema com o tempo.

Era um esforço para evitar o problema de lançar e esquecer. Quando lançamos fotos e comentários, a equipe passou a trabalhar nas listas e, depois, no Explorer. Enquanto isso, ninguém fez nada com as fotos e comentários em 6 meses. Assim, nossa intenção ao dar a essas equipes uma área clara de foco era que elas pudessem fazer a manutenção e o aprimoramento contínuo das coisas em que estávamos trabalhando. Descobrimos que uma estrutura como essa era incrível para aprimoramento iterativo, mas precisávamos abrir espaço e tempo para pensar além dos aprimoramentos cumulativos.

Aprendemos tanto nos três anos e meio em que estive lá, e as coisas mudaram drasticamente nesse período. Preciso reconhecer quando algo não funciona e, depois, evitar cometer o mesmo erro duas vezes. Mas é impossível não cometer erros, principalmente quando se cresce no ritmo da maioria das *startups*.

UM TEMA NAS STARTUPS É ESSA IDEIA DE "COMETER ERROS PARA APRENDER" E QUE VOCÊ TEM DE TER ALGUMAS *STARTUPS FRACASSADAS* NO SEU CURRÍCULO QUASE COMO UMA FORMA DE CREDIBILIDADE. ISSO É MESMO NECESSÁRIO?

Você não tem necessariamente de chegar a fracassar com um produto todo. Mas você aprende mais quando as coisas são difíceis do que quando as coisas são fáceis. Quando você faz um lançamento, e a imprensa de tecnologia só diz coisas boas a seu respeito, é divertido, mas não é um duro trabalho de produto. É um difícil e duro trabalho de produto quando você tem de descobrir como transformar uma startup em um negócio, e quando algumas coisas não funcionam e você tem mesmo de se aprofundar nelas. Você olha os dados e faz pesquisas; você precisa realmente entender por que os usuários estão ou não fazendo algo. E esse algo que é difícil, no início das startups, e você cresce com isso. Nós lutamos com parte da infraestrutura e, com os anos, chegamos a um lugar muito melhor em termos de funções analíticas. E contratamos um pesquisador de experiência do usuário; esse foi um ótimo ataque em duas frentes em muitos aspectos do produto. Simplesmente não tínhamos essas coisas quando a empresa existia há seis meses. Essas são as coisas que, no início, muitas empresas tratam como luxo. Mas, na hora em que se dá conta de que precisa delas, você na verdade já precisava delas seis meses atrás.

Falar com pessoas que já passaram por isso também faz uma grande diferença. Mas o setor é tão jovem que é difícil achar pessoas que tiveram experiências compartilhadas. Não existem muitos exemplos de pessoas que foram até o final do processo: Como você pega um produto, transforma-o em uma startup, transforma-a em uma empresa, transforma-a em uma organização? É difícil achar pessoas que tenham experiências com esses quatro passos gigantescos para compartilhar. Encontrá-las é incrivelmente valioso. É fácil pensar "Ai, meu Deus, os problemas que estamos enfrentando são tão únicos".

QUAL PAPEL A ORGANIZAÇÃO DO PRODUTO TEM NA RESOLUÇÃO DESSES PROBLEMAS?

Para o melhor ou para o pior, produto é a disciplina que está no centro da roda. Você precisa de pessoas que possam trabalhar com designers, engenheiros, marketing e desenvolvimento de negócios. Mas, ao mesmo tempo, você lida com os desafios de todas essas diferentes áreas. Mesmo nesses grupos, as pessoas têm necessidades diferentes. Você tem engenheiros que têm uma mentalidade muito voltada ao produto e só precisa esboçar o nível mais alto do problema que está tentando resolver, e eles agem a partir daí. Então, você tem outros que precisam de uma especificação antes de começar a construir. Se você lhes der os casos sem arestas, eles vão arrasar. Uma grande parte do papel de um gerente de produto é saber como calibrar sua abordagem com base no problema, nos indivíduos, e na combinação de indivíduos com quem ele está trabalhando.

Tenho mais de uma abordagem de design para organizar meu grupo. Depois de três anos e meio tentando contratar outros gerentes de produto, tive muita dificuldade em encontrar pessoas que não tivessem a experiência do programa APM do Google. É importante para mim descobrir essa forte capacidade analítica que o Google tem refinado tão bem, mas isso não pode acontecer às custas da intuição e da paixão do design. Sim, alguns dos problemas que estamos resolvendo são problemas muito relacionados a algoritmos, mas na maior parte, temos um cliente, um produto social e precisamos de pessoas que entendam esse lado. Elas precisam entender o lado *high touch* do produto. Uma grande coisa para mim é garantir que a paixão e o instinto de design existam nas pessoas que contrato. Elas não precisam sair correndo para projetar alguma coisa, mas precisam ser capazes de descrever por que uma coisa resolve o problema do usuário melhor do que outra coisa, e seus argumentos não podem só estar ligados à engenharia.

Meus gerentes de produto devem ter a melhor compreensão do problema do usuário que estamos tentando resolver. Você realmente fica bom em definir por que estamos construindo isso, sem entrar na solução do problema. Essa é uma habilidade que os gerentes de produto refinam com o tempo — ser capaz de descrever o que estamos tentando atingir. Eles conseguem olhar para um design, trabalhar com designers, e dizer: "Isto é ótimo, mas não acho que resolva o problema por causa de x, y e z". Eles descrevem de modo que um designer possa pegar esse feedback e transformá-lo em outra coisa. Não é: "Esse botão devia ser azul e não vermelho"; é sobre contextualizar o feedback de um modo que pergunte: "Isso resolve o problema que estamos tentando resolver?" Os gerentes de produto têm de conseguir contextualizar o problema na hora e obter o consenso de todos. Se não houver um entendimento compartilhado do que é o problema, você pode, literalmente, debater a solução para o resto da vida. Ninguém estará errado. Então, antes de mergulhar em algo, temos de fazer com que a organização entenda que todos concordamos. Depois, podemos olhar para as soluções de design e contextualizá-las dentro daquele problema. Mas se só estivermos olhando diferentes interfaces sem um contexto claro, então tudo se transforma em opiniões.

VOCÊ TAMBÉM JÁ TRABALHOU EM AGÊNCIAS. SEU TRABALHO ANTERIOR COM CONSULTORIA AJUDOU NO DESIGN DE PRODUTO?

Sim, de muitos modos diferentes. Existem muitos paralelos de como você trabalha em uma agência, especialmente no lado criativo, e como você trabalha em uma startup. Você está sempre tentando fazer mais com o que você tem, sempre tudo se move incrivelmente rápido e o bônus é que você não está simplesmente jogando as coisas em uma parede. Você tem que continuar melhorando as coisas. Quando você prova o gosto de não ter camadas entre você e o usuário final, isso é como uma droga.

Comecei em uma agência e fui para uma startup, e depois fui para uma agência, e agora estou em uma startup. Existem desafios nos dois lados, e eu gosto disso. Mas agora, você pode lançar uma coisa e, em cinco minutos, tem gente dizendo: "Isso é um horror" ou "Isso é incrível". Para os designers, isso é como uma droga. Em uma agência, quando trabalha em um projeto, você tem um diretor de criação e a gerência na empresa, e a gerência no cliente; quando você chega ao usuário, isso não importa mais. Você construiu alguma coisa, entregou e, na maioria das vezes, nunca fica sabendo como se saiu.

COMO VOCÊ DESCOBRE COMO SE SAIU AGORA?

Temos uma pesquisadora de experiência de usuário que está sempre trabalhando em alguma coisa. Pode ser um recurso específico ou uma pesquisa de base. As apresentações dela sobre os resultados da pesquisa são, de longe, as melhores reuniões da semana. Demoramos muito para contratar alguém para esse papel, mas a organização sentia falta disso. Foi incrível ver quanto as pessoas querem ouvir o que ela está descobrindo.

É ótimo ter feedback de tantos lugares quanto possível. Mas também existe a necessidade de tentar manter o equilíbrio. Você não tem de fazer alguma coisa em relação a todos os feedbacks que recebe. Isso seria difícil. Nós descartaríamos muito de nosso trabalho antes do lançamento, resultando em um gigantesco Google doc de feedbacks que poderia ser avassalador. É difícil encontrar o equilíbrio certo, em especial internamente, porque queremos feedbacks de todo mundo. Mas isso não significa que vamos fazer alguma coisa com cada opinião ou feedback. O designer e o gerente de produto têm uma visão de como o produto deve ser.

Quando a empresa tinha 20 pessoas, fazíamos uma reunião e tomávamos as decisões de produto juntos. Isso seria loucura agora. Uma das coisas que mudou com o crescimento é que lançamos recursos, e nem todos na empresa teriam projetado os recursos desse modo. Ou, eles poderiam até mesmo não querer esse recurso no produto. É importante ter uma razão clara para as decisões de produto e ser capaz de explicá-la. As pessoas podem não concordar com isso ou elas não teriam feito isso, mas elas devem pelo menos entender como chegamos aqui e qual é a justificativa. Essas são habilidades de comunicação que você precisa refinar conforme cresce.

NA HISTÓRIA DA SUA EMPRESA, HOUVE UM PONTO NO CRESCIMENTO EM QUE LHE OCORREU QUE ERA UMA "GRANDE EMPRESA"?

Às vezes parece assim, quando se gasta tempo demais garantindo que as pessoas certas falem, em vez de elas só falarem. Você não pode ter certeza de que alguém deste lado do escritório saiba o que está acontecendo do outro lado do escritório. Assim, criamos coisas. Todas as terças-feiras, temos uma reunião da empresa. Comecei com uma ou duas equipes de produto apresentando o material mais interessante em que trabalharam nas últimas semanas.

Você pode criar listas de e-mail para as diferentes equipes, mas é muito material para seguir. É muito útil criar modos de sistematizar a comunicação do que está acontecendo. Herdamos algumas coisas do Google. Fazemos recortes semanais: toda segunda-feira, um e-mail é enviado para todos na empresa com a pergunta: "O que você fez na semana passada? Em que vai trabalhar nesta semana?" Todos respondem ao e-mail, e um sumário é enviado a toda a empresa. Você pode seguir pessoas ou grupos diferentes para ter uma visão rápida do que as equipes estão fazendo. É um bom modo de contornar o fato que nem todo mundo está nas mesmas reuniões porque a empresa está maior. Assim, você tem de encontrar um equilíbrio. Não dá para acompanhar três listas diferentes de e-mail. De repente, você está gastando todo o seu tempo com a comunicação. Encontre os instrumentos certos que funcionem para as pessoas. É preciso ter certeza de que as pessoas certas estejam falando.

COMO PREENCHE A LACUNA DE COMUNICAÇÃO ENTRE ENGENHEIROS ANALÍTICOS E DESIGNERS EMOTIVOS OU EMPÁTICOS?

As companhias existem em um espectro. Em uma extremidade estão a Apple ou a Path, em que tudo que lançado é meticulosamente considerado. Pode-se pensar nisso como o sonho de um designer. E, no outro extremo, tem o Google com seus 40 tons de azul. Já houve progresso desde então, mas ainda tem a atitude de "lance e conserte, lance e conserte". Três ou quatro anos atrás, isso era o pesadelo de um designer. E tem o Facebook, em um lugar intermediário, que tenta se equilibrar na linha entre "mover-se rápido e inovar" e "fazer coisas bonitas". Você precisa resolver qual tipo de organização deseja ser; um não é melhor que o outro. Mas as pessoas têm de aderir ao tipo de empresa que você tem porque, de outra forma, você estará nadando contra a corrente. Se você tiver alguém que venha do lado perfeccionista do design e jogar essa pessoa no outro lado, isso pode ser muito difícil.

Muito depende de ser capaz de identificar em que projeto você está interessado em se aprofundar porque você não conseguirá passar ao usuário o que está tentando fazer a menos que seja perfeito, e identificação quais são os projetos do tipo "Ei, seria melhor lançar isto que está 80% pronto porque a gente pode deixá-lo disponível por uma semana e aí vamos saber se vale a pena gastar mais tempo com isso". Afie suas habilidades para determinar qual projeto vai exigir mais tempo de design. O design é sempre um recurso muito limitado, e assim não queremos desperdiçá-lo em material que não precise dele às custas das coisas que realmente precisam. Sempre tentamos descobrir os projetos em que, em vez de deixar um designer passar uma semana no Photoshop antecipadamente, podemos simplesmente trabalhar com um engenheiro em um quadro branco durante algumas horas e terminar com algo que tenha os benefícios do pensamento de design sem o processo do design. Estamos sempre tentando melhorar nisso.

O EXEMPLO DE TESTAR OS TONS DE AZUL DO GOOGLE É O TIPO DO EXEMPLO BÁSICO DE COMO DEIXAR OS DESIGNERS LOUCOS. QUAIS SÃO ALGUMAS DAS TÁTICAS QUE VOCÊ USOU PARA AJUDAR OS SEUS COLEGAS A ENTENDER O VALOR DA INTUIÇÃO E DA PESQUISA?

Quando você tem a capacidade de fazer testes A/B com as coisas, você tende a confiar demais nisso. É bom para algumas coisas, mas há certas coisas que têm de ser direcionadas pela intuição. Há certas coisas que você simplesmente sabe que são uma experiência negativa. Sim, poderia ser melhor, mas é que algo com que você se sente bem?

O assunto tende a aparecer mais em atividades relacionadas ao crescimento, como conversão de usuários. É aqui que você termina fazendo algo que pode funcionar, mas provavelmente por um curto prazo. Potencialmente, você pode prejudicar a experiência geral que um usuário tem com o produto, e isso não será bom a longo prazo. Você tem de aceitar o golpe no curto prazo porque sabe que algo está certo.

Você deve dar aos designers o tempo e espaço para descobrir, digamos, três modos totalmente diferentes de resolver esse problema. Isto sempre demanda tempo. As pessoas não vão necessariamente pensar em três soluções drasticamente diferentes sem que você passe por esse processo. E essa ideia e a solução potencial podem surgir bem depressa. Você pode acabar com dez esboços rápidos de como fazer upload de uma foto, ou qualquer outra coisa, e isto é algo que é mais difícil de fazer se estiver pensando de um ponto de vista de engenharia.

Depois de falar com amigos que são designers, penso que tudo se resume ao que uma organização valoriza, ao que você quer que seja o seu produto, o que importa para você e o que o deixa orgulhoso. O design bom ou refletido costumava ser um diferencial. Agora, as apostas têm limites. Se você espera que os usuários passem parte de cada dia ou cada semana usando o seu produto, ele tem de proporcionar uma boa experiência.

conclusão

o futuro do gerenciamento de produto

Joe está sentado na praia, bebendo uma margarita. Ele está refletindo sobre os últimos três anos e no sucesso que teve. Tem sido bem emocionante. A LiveWell tem sido amplamente vista e recebe ótimas críticas, e a empresa acabou de ser comprada por uma grande cadeia de academias. Joe sorri e fecha os olhos. Ele mal pode esperar para começar o próximo projeto.

Neste livro, você aprendeu a respeito do processo de design. Esse processo se concentra nas pessoas, celebra o valor emocional e estimula o otimismo por meio do pensamento lateral e divergente. Você aprendeu como desenvolver o entendimento e a empatia com as pessoas que vão usar o seu produto por meio de uma metodologia de pesquisa que exige que você saia do seu escritório e passe tempo com as pessoas. Você também examinou como traduzir as coisas que vê em insights que agem como as grandes bases da inovação de produto. Você aprendeu como contar histórias sobre as pessoas que atingem suas metas e pode usar seus insights para contextualizar essas histórias. E você aprendeu como usar uma afirmação de valor emocional como uma estrela-guia principal, um objetivo ao redor do qual toda a equipe pode se reunir.

Quando você vê o design como uma competência estratégica, isso transcende a beleza ou a forma superficiais. Ele se torna um modo de pensar sobre os problemas e as pessoas e uma maneira de trabalhar através da complexidade e ambiguidade a fim de tornar nosso mundo mais atraente. No futuro, cada vez mais funções vão utilizar esse processo empático de gerenciar a ambiguidade e estimular a criatividade. Apresentei os métodos neste livro no contexto de um produto digital, mas eles são igualmente efetivos para criar novos serviços, novas políticas, novos modelos de negócios, novas estratégias e novas formas de fornecer valor. A aplicabilidade ampla do processo de design é o que o torna poderoso. Nós todos estamos nos tornando gerentes de produto, e nosso melhor processo para o sucesso é um processo de design — um processo criativo desenvolvido sobre uma plataforma de empatia.

notas

INTRODUÇÃO

1. D. Zax, "A Smart, Sexy—Thermostat?!" *MIT Technology Review*, 6 de dezembro de 2011, http://www.technologyreview.com/view/426289/a-smart-sexy-thermostat/; S. Kessler, "Nest: The Story Behind the World's Most Beautiful Thermostat", *Mashable*, dezembro de 2011, http://mashable.com/2011/12/15/nest-labs-interview/; e "Second-gen Nest Zeroes in on Perfection", CNET, 2 de outubro de 2012, http://reviews.cnet.com/appliances/nest-learning-thermostat/4505-17889_7-35179222.html.
2. *PCMag*, 26 de maio de 2011, http://www.pcmag.com/article2/0,2817,2380586,00.asp.
3. N. Robischon, "Square Brings Credit Card Swiping to the Mobile Masses, Starting Today", *Fast Company*, 11 de maio de 2010, http://www.fastcompany.com/1643271/square-brings-credit-card-swiping-mobile-masses-starting-today.

CAPÍTULO 1

1. R. Martin, "How Successful Leaders Think", *Harvard Business Review*, junho de 2007.
2. I. Fried, "Apple Bets Consumers are Ready for Cubist Movement", CNET, 19 de julho de 2000, http://news.cnet.com/2100-1040-243373.html.

3. L. Kahney, “Apple Cube: Alive and Selling”, *Wired*, 28 de julho de 2003, http://www.wired.com/gadgets/mac/news/2003/07/59764?currentPage=all.
4. I. Fried, “Apple: We Expected to Sell 3 Times More Cubes”, CNET, 1 de fevereiro de 2001, http://news.cnet.com/2100-1040-251936.html.

CAPÍTULO 2

1. S. Pace, *The Global Positioning System: Assessing National Policies* (Santa Monica, CA: RAND, 1995).
2. Raytheon, “Raytheon Company: History”, 27 de setembro de 2013, http://www.raytheon.com/ourcompany/history/.
3. J. Timmer, “AT&T Squeezes 18Mbps U-verse DSL Out of Last-Mile Copper”, ARS Technica, 6 de novembro de 2008, http://arstechnica.com/business/2008/11/att-squeezes-18mbps-u-verse-dsl- out-of-last--mile-copper/.
4. Apple, “App Review Guidelines. Apple Developer”, 2012, https://developer.apple.com/app- store/review/ for more information.
5. T. Friedman, “Welcome to the ‘Sharing Economy”, *New York Times*, 20 de julho de 2013.
6. R. Lawler, “Uber Moves Deeper into Ride Sharing, Promises to Roll Out Services Where Regulators Have Given ‘Tacit Approval’”, *TechCrunch*, 13 de abril de 2013, http://techcrunch.com/2013/04/12/uber-ride-share-almost-everywhere/.
7. D. Solomon, “City to Heyride: Not So Fast”, *Austin Chronicle*, 30 de novembro de 2012.
8. R. Lawler, “SideCar Acquires Austin-Based Ride-Sharing Startup Heyride, Will Soon Launch in 7 New Markets”, *TechCrunch*, 14 de fevereiro de 2013.
9. “Zappos’ 10-Hour Long Customer Service Call Sets Record”, Huffington Post, 21 de dezembro de 2012, http://www.huffingtonpost.com/2012/12/21/zappos-10-hour-call_n_2345467.html.

10. D. Reisinger, "WordPress: 72K Blog Posts Exited Tumblr in 1 Hour over Yahoo Deal", CNET, 20 de maio de 2013, http://news.cnet.com/8301-1023_3-57585268-93/wordpress-72k-blog-posts- exited-tumblr-in-1-hour-over-yahoo-deal/.
11. Wikipedia, http://en.wikipedia.org/wiki/AACS_encryption_key_controversy.
12. Stanford, "The Demo", http://sloan.stanford.edu/mousesite/1968Demo.html; e B. Rhodes, "A Brief History of Wearable Computing", MIT Media Laboratory, http://www.media.mit.edu/wearables/lizzy/timeline.html#1981b.
13. B. Buxton, "On Long Noses, Sampling, Synthesis, and Innovation", apresentação na UX London, 19 de abril de 2012.
14. J. Lowy, "Virgin America Ranks Best U.S. Airline, United Ranks Worst," Huffington Post, 8 de abril de 2013, http://www.huffingtonpost.com/2013/04/08/virgin-america-best- airline_n_3038556.html.

CAPÍTULO 4

1. J. Norman, entrevista concedida ao autor, 30 de agosto de 2013.
2. D. Sullivan, "Google Gets a Tag Line: 'Search, Ads & Apps'", 11 de maio de 2007, http://searchengineland.com/google-gets-a-tag-line--search-ads-apps-11195.
3. M. Kruzeniski, "Poetry & Polemics in Creating Experience", http://www.ixda.org/resources/mike-kruzeniski-poetry-polemics-creating--experience.
4. M. Walsh, "Harnessing the Power of Positive Tension", *Interactions magazine*, 2013.
5. A. Walter, "MailChimp Email Preview Easter Egg", 2010, http://vimeo.com/10981566.

6. C. Chima, "MailChimp Grants Employees 'Permission to Be Creative'", Fast Co.Create, 2013, http://www.fastcocreate.com/1679207/mailchimp-grants-employees-permission-to-be-creative.
7. A. Walter, entrevista concedida pelo autor, 28 de maio de 2013.
8. A. Cooper, *The Inmates Are Running the Asylum*, Upper Saddle River, NJ: Pearson Education, 2004.
9. D. Hofstadter, *Surfaces and Essences: Analogy as the Fuel and Fire of Thinking*, Nova York: Basic Books, 2013.

CAPÍTULO 5

1. H. Dubberly, entrevista concedida ao autorr, 2013.
2. N. Group, "Better Tech Support Could Help Decrease Electronics Returns by Nearly 70 Percent, According to NPD", PR Web, 25 de agosto de 2009, http://www.prweb.com/printer/2778774.htm.
3. J. Wu, entrevista concedida ao autor, 2013.
4. F. S. Fitzgerald, "The Crack Up", *Esquire*, 1936, http://www.esquire.com/features/the-crack-up.
5. D. Merkoski, entrevista concedida ao autor, 2013.

CAPÍTULO 6

1. P. Smalley, entrevista concedida ao autor, 2 de maio de 2013.
2. J. M. Spool, "The $300 Million Button", User Interface Engineering, 14 de janeiro de 2009, http://www.uie.com/articles/three_hund_million_button/.

índice

Nota: Números de página seguidor por f se referem a figuras; números de página seguidos por t se referem a tabelas.

E

F

sobre o autor

Jon Kolko atuou como vice-presidente de design ao consumidor na Blackboard Inc. Ele foi para a Blackboard com a aquisição da MyEdu, uma *startup* voltada para ajudar os estudantes a terem sucesso na faculdade e encontrarem estágios e empregos. Ele também é fundador e diretor do Austin Center for Design. Seu trabalho concentra-se em levar o poder do design para as empresas sociais, com ênfase em empreendedorismo. Ele trabalhou extensamente com *startups* e também com empresas *Fortune* 500 e se interessa muito por tecnologia educacional humanizadora.

Antes da Blackboard, Jon era diretor executivo de estratégia de design na Thinktiv, uma aceleradora de empresas de risco em Austin, Texas, e coordenador de design e diretor associado criativo na Frog Design, uma empresa de inovação global. Ele é professor de design de interação e design industrial na Savannah College of Art and Design, onde teve uma atuação essencial para criar esses programas nos níveis de graduação e pós-graduação. Jon também teve a função de diretor da Interaction Design Association (IxDA) e foi editor-chefe da revista *Interactions*. Ele é frequentemente convidado a participar em conferências importantes e no júri de eventos de design, entre os quais o Cooper Hewitt National Design Awards de 2013. Ele lecionou na Universidade do Texas em Austin, no Center for Design Studies de Monterrey, no México e na Universidade de Malmö, na Suécia.

Jon é autor de outros três livros: *Thoughts on Interaction Design*, *Exposing the Magic of Design: A Practitioner's Guide to the Methods and Theory of Synthesis*, e *Wicked Problems: Problems Worth Solving*.

GRÁFICA PAYM
Tel. [11] 4392-3344
paym@graficapaym.com.br